Oronos®

Die Fülle aus dem Quantenfeld

Wir möchten den Leser mit diesem Buch in seinem Bewusstwerdungsprozess unterstützen. Dieses Buch soll ihn informieren und inspirieren. Der Autor und der Verlag können für keinerlei Verluste oder Schäden verantwortlich oder schadensersatzpflichtig gemacht werden, die irgendjemandem direkt oder indirekt durch die in diesem Buch enthaltenen Informationen entstehen.

Oronos®
Die Fülle aus dem Quantenfeld

Kamasha Verlag

Bibliografische Information der Deutschen Nationalbibliothek

Die Deutsche Nationalbibliothek verzeichnet diese Publikation in der Deutschen Nationalbibliografie; detaillierte bibliografische Daten sind im Internet über http://dnb.dnb.de abrufbar.

Kamasha Verlag
Dietershaner Str. 29
36039 Fulda
Tel.: +49(0)661 38 00 02 40
Fax: +49(0)661 38 00 02 49
www.kamasha.de

Umschlaggestaltung: cvp-design Christina v. Puttkamer
Satz und Layout: Buchgestaltung.de
Druck: Druckerei Sonnenschein, Hersbruck

ISBN: 978-3-936767-36-0

Originalauflage November 2012

Für dieses Buch wurde ausschließlich Papier verwendet, welches nicht aus dem Regenwald stammt.

Für meine wundervolle Frau Sandra,
unsere Seelenpartnerschaft ist die
absolute Fülle des Lebens.

Danke dass Du mit mir bist.

Natara

VORWORT

Liebe Freunde,

Ich bin sehr Glücklich und Dankbar, dass dieses wundervolle Wissen von Oronos jetzt auf den Planeten Erde zu uns kommt. Oronos ist im November 2009 in mein Bewusstsein gekommen um das große Fest der Liebe mit uns Erdenbewohnern zu teilen. Viele Teilnehmer haben Oronos in den Nächten der Heilung und in verschiedenen Ausbildungen erlebt und große Spontanheilungen haben stattgefunden.

Das große Wissen aus der Fülle des Quantenfeldes, das Oronos in drei wundervollen Seminaren gegeben hat, ist jetzt in dieser Form des Buches entstanden. Die Worte und Sätze die Oronos wählt, sind manchmal sehr schwer verständlich für unseren Verstand, doch unser Herz kennt alle diese Informationen und nimmt diese Dankbar an.

Der Auftrag von Oronos ist es, uns Menschen wieder mit der intelligenten Liebesschwingung des Quantenfeldes zu Verbinden und dies geschieht über die göttliche Blaupause. Oronos ist ein Meister, der noch nie auf der Erde inkarniert war und sehr authentisch und frei das neue Wissen lehrt.

Ich danke allen, die bei der Entstehung des Buches mitgeholfen haben.

Möge die Fülle noch viel mehr in Dein Bewusstsein kommen

Natara im Oktober 2012

ORONOS

Seit 2009 channelt Natara einen „Meister aus dem Quantenfeld" namens Oronos.

Kraftvoll und direkt leitet Oronos die Menschen an, sich einer neuen Weltsicht zu öffnen. Er hat neue Dimensionen des Wirkens für Natara eröffnet und lässt in tiefen Nächten, Seminar- und Ausbildungstagen große Heilung geschehen.

INHALTSVERZEICHNIS

DANKBARKEIT

Geliebte Menschenwesen,

Oronos ist zu Euch gekommen damit Ihr endlich frei werdet, damit Ihr endlich erfahrt, welch göttliches Potenzial Ihr habt. Damit Euch die wirkliche göttliche Fülle in Eurem Leben bewusst wird, denn Euer Leben ist schon Fülle pur. Mutter Erde, dieser Planet der Kreativität, spiegelt Euch in jedem Atemzug die Fülle, mit jedem Tier, mit jeder Pflanze, mit allem, was auf dem Planeten Erde lebt spiegelt Euch Mutter Erde die Fülle. Und Ihr seid so gesegnet, dass Ihr gekommen seid zu diesem Fest, zu diesem Manifest. Denn, wenn Ihr wirklich die Fülle leben wollt, so ist es wichtig und nützlich, ganz verbunden zu sein mit dem Planeten der Kreativität, wirklich ganz verbunden zu sein, dass Ihr Eure Körper wieder liebt, dass Ihr Euch wieder erfahrt in Eurem göttlichen Sein und dass Ihr Euch wirklich wieder vereint mit dem Kosmos und mit der Erde, dass Ihr nicht nur oben lebt, sondern dass Ihr wirklich kraftvoll Euer Leben auf Mutter Erde manifestiert. Denn, wenn Ihr die wirkliche Verbindung zur Mutter Erde, zu dem Planeten der Kreativität, habt, erkennt Ihr in allem diese Fülle. Und die erste Erkenntnis zur Fülle ist wirklich die Dankbarkeit. Die Dankbarkeit, dass Ihr in dieser Zeit auf dem Planeten Erde wandeln dürft. Und die Dankbarkeit, dass

Eure Seele diesen Körper manifestiert hat. Und in dieser Dankbarkeit ist keine Ablehnung mehr drin, nur noch Liebe. Fülle ist wirklich der Ausdruck der Dankbarkeit. Und Fülle ist der Ausdruck Eures Lebens. Und Fülle bezieht sich immer auf das gesamte Leben, nicht nur auf das Geld. Auf Euer gesamtes Leben, auf jede Lebenssituation. Und es geht nicht um die Dankbarkeit, die aus Eurem Verstand geboren wird. Dankbar zu sein, weil Ihr es müsst. Es geht wirklich um die Herzensdankbarkeit. Wirklich das Fühlen, dass Ihr die Dankbarkeit wieder fühlt in Eurem Leben. Das ist eine absolute Grundlage, die Fülle wieder zu erfahren in allen Lebensbereichen. In allen. Und streicht die Undankbarkeit aus Eurem Leben. Alles was Oronos in dieser Nacht zu Euch spricht, wird in Euren Zellen manifestiert. Und die ganzen Ängste und die ganzen Zweifel werden erlöst. Denn, wenn Ihr in Eurem Leben zweifelt, wenn Ihr in Eurem Körper zweifelt, dann wird die Verbindung zwischen der Seele und dem Körper immer dünner. Und wenn immer mehr Zweifel da sind, ist die Seele auch immer mehr bereit, wieder den Körper zu verlassen. Und deshalb ist wirklich die Fülle da, wenn Seele und Körper zusammen im Leben sind. Und deshalb verändert Euch auch Euer Geld auf Mutter Erde, weil viele Menschen nur noch das Geld als ihre Seele ansehen. Doch wenn die Seele fest im Körper verankert ist, dann ist wirklich eine neue Fülle auf allen Ebenen da. Und seid wirklich dankbar für das, was

Euer Körper und Eure Seele schon in dieser Zeit, in diesem Leben zusammen erschaffen haben. Denn mit der Dankbarkeit kommt die Liebe wieder mit hinein und Mutter Erde, der Planet der Kreativität, liebt Euch, liebt Euch wirklich so stark. Doch wenn so viele Menschenwesen diesen Planeten vergessen und ausnutzen, entsteht ein großes Feld von Disharmonie auf dem Planeten. Genau das, was jetzt auf Eurem Planeten geschieht. Die einen sagen: „Das war es für mich, ich gehe ins Licht". Die anderen bleiben auf der Erde und schlafen weiter. Und die Menschwesen, so wie Ihr, können diese Harmonie wieder in Euch und auf dem Planeten herstellen. Denn, wann immer Oronos auf dem Planeten Erde ist und zu Menschenwesen, Tierwesen, Pflanzenwesen spricht, entsteht so ein großes Feld von Liebe und entsteht ein Feld von Geborgenheit. Und Euer Planet Erde gibt Euch wirklich alles. Und würdet Ihr viel mehr aus dem Ich ins Wir gehen, in diese Dankbarkeit zusammen, könntet Ihr die größten Wüsten begrünen. Oronos bringt noch ein bisschen mehr Wärme in diesen Raum, er erhöht noch die Energie für Euch. Damit wirklich diese Herzensdankbarkeit bei Euch allen ankommt. Und dass alle Zellen nochmals diese Kraft bekommen der Dankbarkeit in Eurem Leben. Dankbar zu sein für das Leben. In unseren Ebenen, in der Ebene des Quantenfeldes ist alles da, gibt es nichts, was uns in den Zustand des Urteilens bringen würde. Und wenn Ihr wirklich die

Fülle in allen Ebenen einladen wollt, dann hört wirklich auf zu urteilen. Diese negativen Urteile, die bringen Euch so von Euch weg. Diese negativen Informationen und das Urteilen. Das bringt Euch nicht in die Erfüllung. Die Liebe bringt Euch in die Erfüllung, doch nicht dieses Urteilen. Und wenn Ihr jegliches Urteilen aufgebt, dann begrenzt Ihr Euch nicht mehr. Denn jedes Urteilen ist eine Begrenzung. Und wenn Ihr das Urteilen aufgebt und bei Euch bleibt, könnt Ihr viel mehr in Eurem Leben erfahren. Und die größte Fülle ist wirklich, wenn Ihr verliebt seid in Euch selbst. Wenn Ihr nichts mehr im Außen sucht, sondern wirklich alles findet. Oronos hat sich in dieser Zeit etwas umgesehen auf Eurem Planeten Erde. Wie die Menschenwesen auch so mit dem Geld umgehen. Dass die Dankbarkeit auch wieder in das Geld kommen darf. Und so viele Menschen haben Angst vor dem Geld. Und diese Angst bringt Euch nicht in die Fülle. Die Menschenwesen haben Angst davor, Geld bei sich zu tragen. Und so lange es immer mehr Maschinen gibt, die Euch das Geld aushändigen, wird die Angst immer größer. Und deshalb haben die Menschenwesen keinen Bezug mehr zu dieser Form des Geldes, die Ihr auf dem Planeten Erde benutzt. Denn, wenn Ihr wieder Dankbarkeit in Eurem Leben erfahrt und Eure Dankbarkeit annehmt, verändert sich Eure Energie und Ihr strahlt Dankbarkeit aus. Und dadurch entsteht ein neues Feld, in dem Euch die Fülle viel mehr bewusst wird, die Euch jetzt schon zuteilwird und in Eurem Leben zuteilwurde. Doch es ist wichtig, wirklich auch für die materielle Fülle, keine Maschinen mehr zu benutzen. Denn dadurch haben die Menschenwesen wirklich jeglichen Kontakt zu dieser Lebensform, zu ihrer Lebensform, verloren. Dass alles sofort jetzt möglich ist. Alles. Das trägt wirklich dazu bei, dass sich die Menschen und ihre Lebensform der Liebe gar nicht mehr bewusst werden, sondern nur noch in diesem Konsumieren sind. Doch das ist nicht der Weg, der sie in die Erfüllung bringt. Und Oronos möchte Euch wirklich diese Erfüllung wieder geben, dass Ihr in Euch, in Eurem Körper, in Euren Zellen, in Eurer Lebensform wieder die Erfüllung manifestiert. Dass Ihr Euch alle vom Leben erfüllen lasst. Von Eurem Leben wieder in eine neue Kraft bringen lasst. Eure Seele jubelt, dass Ihr gekommen seid. Und lasst wirklich alle Zweifel da, denn dieses Leben, das Ihr in dieser Zeit gewählt habt, ist wirklich kein Spiel. Das Leben, das Ihr gewählt habt, ist wirklich ein kraftvolles Sein, ein kraftvolles Erfüllen Eures Lebensplanes. Deshalb ist das Allerwichtigste wirklich für die Fülle auf allen Ebenen in Eurem Leben, die Dankbarkeit zu erfahren und die Dankbarkeit in Eurem Leben sich wieder ausbreiten zu lassen und das Urteilen zu erlösen. Denn wirkliches Urteilen ist ein Urteilen gegen Euch selbst. Und dass sich jeder am Geld urteilt in Eurem System, in Eurer Lebensform, ist ein wichtiger Aspekt, dies zu erlösen. Und Oronos wird Euch in den nächsten Tagen viel erfahren lassen über diese multidimensionale Fülle des Quantenfeldes. Wird Euch teilhaben lassen, damit Ihr wirklich wieder wisst, was in Eurem wirklichen Leben in der Verbindung mit der Seele und dem Körper geschieht. Und dieses Licht, das Ihr hier in diesem Raum bekommt, bringt Euch in die Erfüllung. Und wenn Ihr Euch von diesem Licht und von dieser Liebe erfüllten lasst, dann ist ein neues Leben da. Und Oronos Ziel ist es, Euch wirklich in ein neues Leben zu bringen, in dieses Leben, damit Ihr immer mehr dieses Vertrauen in Euch stärkt. Das Vertrauen zu Euch selbst und das Vertrauen in diesen Weg, den Ihr geht. Und aus der Dankbarkeit geschieht wirklich kein Urteilen mehr und kein Wollen, kein Haben-Wollen. Denn aus dem Haben-Wollen kann nichts fließen, kann nichts entstehen, ist nur Stagnation, egal in welchen Bereichen Eures Lebens. Haben-Wollen ist immer Stagnation, ist nicht Freiheit. Haben-Wollen ist wirklich Einfrieren. Und dadurch, dass Euer Leben oft auf das Haben-Wollen aufgebaut ist, auch in der Sexualität und in vielen Bereichen Eures Lebens, frieren viele Dinge einfach ein durch das Haben-Wollen. Und wenn Ihr das Urteilen und das Haben-Wollen aufgebt, erlöst, dann könnt Ihr wirklich in das nächste Leben gehen. Und in diesem Schritt wird Euch Oronos in dieser Zeit, in diesen Tagen der Freiheit führen, wenn Ihr es zulasst, wenn Ihr wirklich bereit seid. Eure Gedanken werden immer stiller.

Denn, wenn Ihr Mutter Erde wieder fühlt, dann entsteht eine innere Gelassenheit, weil Mutter Erde Euch immer trägt. Und dann entsteht wieder eine Verantwortung. Eine Verantwortung für Euer Leben. Die Erfüllung des Lebens ist, wirklich die Verantwortung für Euer Leben zu übernehmen und sie niemals mehr abzugeben. Niemals mehr an irgendjemanden abzugeben, dadurch bist Du glücklich und dadurch bist Du unglücklich. Mache Dich niemals mehr abhängig von anderen. Das ist auch oft eine Geschichte, warum Euer Leben Euch nicht erfüllen kann, weil Ihr Euch immer wieder von den anderen abhängig macht in Eurem Glücklich sein. Wenn Du dies tust und wenn Du dies nicht tust, dann kann keine Erfüllung in Deinem Leben kommen, wenn Du immer in der Erwartung lebst, dann kannst Du lange warten, bis Dich das Leben erfüllt. Und wenn Ihr wieder Eure innere Gelassenheit spürt, dann kann Euch das Leben wieder erfüllen. Und dann braucht Ihr wirklich von nichts mehr in irgendeiner Form abhängig zu sein. Das, was Euch wirklich immer wieder in die Unerfüllung bringt, ist wirklich die Erwartung vom Leben, die Erwartung von der geistigen Welt, die Erwartung von uns. Doch wenn Ihr das wirklich dankbar annehmt, was in Eurem Leben geschieht, braucht Ihr nichts mehr zu erwarten, denn alles ist schon da. Und wenn Ihr dies wirklich zulassen könnt, dass Ihr in jedem Atemzug verliebt seid in Euch selbst, ist das wirklich die größte

Fülle, die größte Erfüllung. Nicht diese Liebe immer auf andere zu projizieren. Und nicht immer denken, deshalb geht es mir jetzt schlecht. Und so ist es auch in den Partnerschaften, wenn Ihr in einer Partnerschaft lebt. Eine erfüllende Partnerschaft darf gefüllt werden mit Liebe, sonst mit gar nichts. Alles andere entsteht aus dieser Liebe heraus. Das ist die wirkliche Fülle des Lebens und auch das Leben entsteht mit Liebe. Alles andere entsteht. Und deshalb macht Euch nicht so große Gedanken um Eure Beziehungen, macht Euch nicht so große Ängste. Oronos erlebt immer noch so eine Abneigung der Liebe von Euch, dass Ihr Euch nicht wirklich einlasst auf Euch, auf diese Liebe. Oronos erfährt so viel über die Menschenwesen. Doch Ihr könnt alles in Eurem Leben verändern, wenn Ihr wirklich die Verantwortung wieder für Euch tragt und die Verantwortung niemals mehr für Euer Leben, für Eure Misere abgebt. Denn dieses Leben, das Ihr gewählt habt, ist wirklich die Erfüllung. Dieses Leben, das Eure Seele gewählt hat, ist die Erfüllung. Und dann schmeißt Euer Leben nicht einfach so weg für einen Partner oder für eine Partnerschaft, gebt Euch niemals auf. Und in diesem Leben könnt Ihr Euch wirklich von so vielem befreien. Von so vielem. Und Oronos möchte Euch behilflich sein, möchte Euch wirklich das neue Leben erfahren lassen, in dem für Euch nur noch dieses Feld der Liebe zugänglich ist. Lasst Euch nicht mehr abbringen durch diese Zweifel und Ängste und Depressionen. Denn wenn so viele Länder in einer Depression sind, so viele Völker sind in einer Depression in dieser Zeit, wie kann die Fülle dann aufrechterhalten werden. Und Oronos wird in diesen Tagen die Depression von vielen Völkern wegnehmen. Und Oronos wird Euch in den kommenden Tagen viel erzählen und viel aus Euren Zellen rausholen aus der Vergangenheit, dass Ihr zu Eurem Leben steht, zu Euren Fähigkeiten Euch bekennt und wirklich die Fülle auf allen Ebenen annehmen könnt, urteilsfrei in Dankbarkeit und ohne Widerstände. Denn die Fülle hat keine Widerstände, Euch zu erfüllen. Das habt Ihr gewählt, die Fülle hat keine Widerstände. Und alles, was Oronos spricht, geht direkt in Euren Energiekörper, geht direkt in Eure Zellen, damit Ihr frei werdet. Und Oronos zieht sehr viel Mangelenergie aus Euren Knochen. Da ist immer noch so viel Mangelenergie gespeichert. Und die ganzen Ängste und Mangelenergien werden auch in den nächsten Tagen durch Euren Schleim wieder erlöst. Denn, wenn Euer Körper weich ist, kann auch die Fülle auf allen Ebenen wirklich da sein. Und mit jedem Urteilen wird Euer Körper wieder hart. Deshalb wird viel Schleim fließen in den kommenden Tagen. Seid bereit dafür. Die Dankbarkeit wird vom Kosmos, vom Quantenfeld gehört, das Haben-Wollen nicht. Das ist sehr wichtig für Euch. Lasst Euch tief auf diese Reise ein, wirklich ein neues Leben zu manifestieren. Oronos nimmt Euch alle so stark wahr. Oronos sieht und weiß alles von Euch und Oronos bringt Euch wirklich aus der Vergangenheit in das neue Leben. Seid bereit für den Neubeginn. Oronos liebt Euch immer, ob Ihr es wollt oder nicht. Oronos liebt Euch immer. Oronos weiß alles.

SEELENZEIT

Geliebte Menschenwesen,

Oronos ist zurückgekehrt aus dem Quantenfeld, um mit Euch das Fest der Fülle zu feiern, um mit Euch das Fest der Liebe zu feiern, denn ohne Liebe keine Fülle. Es ist wirklich wichtig aus dem Urteilen rauszugehen. Urteilsfrei auf dem Planeten Erde zu wandeln und die Dankbarkeit immer zu sehen. Das ist die Erfüllung des Lebens und dazu braucht es die Liebe. Dazu braucht es die Dankbarkeit für Euer Dasein, denn die Seele kommt aus dem Quantenfeld und manifestiert den Körper und es kann nicht sein, dass mit dem ersten Atemzug der Mangel beginnt. Das ist nicht das, was Eure Seele wirklich will, und diesen Mangel wird Oronos in diesen Tagen in Euren Zellen erlösen. Die Seele manifestiert den Körper, der Kosmos, das ganze Quantenfeld manifestiert sich im Körper und durch die ganze Destruktion, durch die ganzen Kriege, die Ihr erlebt habt in der Vergangenheit in Euren Generationen, ist der Körper immer noch von Mangel geprägt und diesem unendlichen Urteilen. Das ist Eure Begrenzung, wenn Ihr wirklich urteilsfrei seid, dann begrenzt Ihr Euch nicht mehr. Das ist wirklich eine Mauer, die ihr aufbaut mit dem ganzen Urteilen, zu Euch selbst, zu Euren Partnern, zu Euren Körpern. Dieses ständige Urteilen baut eine Riesen-

Mauer auf, sodass die Erfüllung des Lebens gar nicht Euch erreichen kann. Doch das Quantenfeld ist die Erfüllung und es geht wirklich um die Dankbarkeit, um die Dankbarkeit, was Ihr in Eurem Leben schon jetzt alles manifestiert habt durch die Kraft Eurer Seele, es geht um die Dankbarkeit. Denn das Quantenfeld ist voller Dankbarkeit, das Quantenfeld ist voller göttlicher Präsenz, voller intelligenter Liebesschwingung. Und das Quantenfeld verbindet alle Universen miteinander, alles ist in diesem Quantenfeld gespeichert. Doch dieser Mangel wurde in Eurem Leben, in Eurem Körper kreiert. Dieser Mangel kommt nicht aus dem Quantenfeld. Und wenn Ihr Euch bewusst werdet, welch große Möglichkeit Ihr habt, welch große Möglichkeit in diesem Leben Euch bevorsteht, das kann Euer Verstand, Eure Gedanken, niemals begreifen. Die Fülle auf allen Ebenen, auf allen Ebenen, bedeutet nicht nur diese ganze Energie des Geldes, sondern wirklich mit Liebe überfüllt sein, mit Liebe überfüllt sein, mit dieser intelligenten Liebe und mit Freude, urteilsfrei durch die friedvolle Einheit zu gehen. Und Oronos nimmt Euch wirklich so viele alte Glaubensmodelle aus Euren Knochen, denn dann könnt Ihr wirklich immer tiefer in die Freiheit gehen. Denn, dass die Seele aus dem Quantenfeld sich in Eurem Körper, durch Euren Körper manifestiert, ist doch schon Fülle, Fülle, Fülle. Und Ihr kämpft, Ihr kämpft gegen Eure Körper, Ihr kämpft gegen das Leben. Doch das ist nicht das Ziel einer Inkarnation, dass Ihr gegen das Leben kämpft, gegen Euch wegen dem Urteilen. Denn, wenn Ihr wirklich dankbar, dankbar Euer Leben erlebt und dankbar seid Eurer Seele, dass sie Euch an diesen Ort gebracht hat, dass sie Euch zu Oronos gebracht hat, dass sie Euch auf das Leben gebracht hat, auf die Erde, dann ist die Fülle unendlich da und Ihr braucht nicht mehr zu kämpfen. Ihr kämpft immer noch so viel in Euren Beziehungen, dass Ihr gar nicht diese ganze Fülle, diese Liebe anerkennt, Ihr seid so mit Mauern umschlungen, Ihr seid so mit Mauern eingerichtet und diese Mauern wird Oronos alle einbrechen lassen in diesen Tagen. Denn Ihr habt so viele Geschichten aus Euren Familien, aus Euren Generationen mit Fülle, Mangel, Neid und Eifersucht. Doch das zählt nicht mehr, das wirkt nicht mehr auf Euch. Denn, wenn Ihr wirklich klar seid, wenn Ihr die Klarheit Eurer Seele, denn Eure Seele ist reinste Klarheit, wenn Ihr diese Klarheit wieder lebt, habt Ihr kein Hintertürchen mehr offen, und habt nicht den Gedanken: „Ich kann ja gehen, wenn's mir nicht mehr passt". Auch in einer Beziehung, wenn Ihr wirklich zueinander steht, und wie Oronos sagte, nur die Liebe rein gebt, alles andere geschieht und nicht immer wartet, dass der kommt, dass der kommt, dass der kommt, wann kommt mein Traumindianer. Das ist keine Fülle, das ist Warten. Somit verarscht Ihr wirklich das Quantenfeld, wenn Ihr auf den Traumindianer wartet. Das ist nicht das, was Oronos und was Eure Seele will. Das ist Körper, das ist einfach die Gier, das ist der Verstand oder die Traumindianerin. Darum geht es nicht in diesem Leben. Das ist wirklich den Kosmos und das Quantenfeld zu verarschen. Doch damit ist Schluss jetzt, denn Eure Seele ist wirklich gekommen, um jetzt in die Wandlung zu gehen und dass Ihr wirklich Eure Seele auf Mutter Erde in der gesamten Schönheit manifestieren könnt und nicht immer wartet auf das, das muss noch geschehen, das muss noch geschehen, damit das geschehen kann. Ihr seid jetzt in diesem Leben auf Mutter Erde und die Seele ist voll, voller göttlicher Liebe. Die Seele ist voller göttlicher intelligenter Liebesschwingungen und die Seele möchte sich wirklich hundert Prozent durch Euch ausdrücken und nicht auf den Indianer warten. Das ist Kindergarten. Damit seid Ihr nicht im Leben, wenn Ihr nur wartet. Wenn Ihr nur wartet. Damit seid Ihr nicht in dieser Seelenklarheit. Und Oronos sagt es Euch wirklich so intensiv, weil, wenn Ihr die Fülle Eurer Seele wirklich erleben wollt, dann müsst Ihr sie zulassen, dann müsst Ihr die Kraft zulassen. Dann müsst Ihr die Klarheit Eurer Seele zulassen und nicht ständig in das Urteilen des Außens gehen. Nicht immer dieses schlecht und gut und schlecht und gut. Gebt Liebe. Wenn Euch was stört, dann gebt Liebe drauf, denn Bewertung führt Euch immer in den Mangel. Bewertung führt Euch immer in den Mangel und das ist vorbei, wenn Ihr wirklich Eure Seele lebt, Eure Seelenenergie auf die Erde bringt. Und Ihr habt so viele Leben rumgehampelt, Ihr habt so viele Leben versucht, gewartet, in Klöstern verbracht, so viele Leben die Mauern manifestiert hinter Klöstern. Und Ihr könnt Euch entscheiden. Oronos macht kein Kloster auf der Erde mehr auf. Das ist vorbei. Und es geht wirklich um Eure innere Qualität. Und messt Euch nicht an dieser finanziellen Fülle. Messt Euch nicht daran. Das geht schief, wenn Ihr Euch daran messt, was der hat, was der hat. Geht nicht in diese Vergänglichkeit. Das Einzige, was in Eurem Leben Bestand hat, ist Eure Seelenklarheit, ist Eure Frequenz der Seele. Die hat Bestand. Und die Seele, wenn die da ist, dann wirkt sie durch Euch. Dann wirkt sie. Und dann führt sie Euch zu den Dingen, die wichtig sind für die Seele jenseits von diesen ganzen Ablenkungssituationen, jenseits von dem. Jenseits. Denn, wenn Ihr wirklich auf Eurem Seelenweg seid, dann ist der Fluss auf allen Ebenen da. Und in dieser Zeit, in der so viele Menschenwesen nur noch den Fokus auf die finanzielle Fülle halten, in der sie wirklich die Seele nicht mehr spüren, sondern die Seele für Geld halten, ist es so wichtig, dass Ihr Eure Frequenz der Seele wieder lebt. Denn Ihr habt in diesem Leben wirklich die Möglichkeit, alles zu erlösen. Alles wirklich zu befreien und ganz frei anzukommen in Eurem Körper. Ganz frei. Und das Quantenfeld empfängt Eure Dankbarkeit. Das Quantenfeld empfängt Eure Liebe, Eure Seelenkraft. Doch durch die ganzen Mauern, die die Menschenwesen zu sich selbst aufbauen, können viele Menschen das Quantenfeld gar nicht mehr erreichen, können viele nicht mehr bei sich sein. Und werden geleitet von anderen Kräften der Ablenkungsmanöver, doch nicht von der Seele. Und Ihr seid alle gekommen, um wirklich Frieden zu schließen mit dem erfüllenden Bewusstsein Eurer Seele, mit dem erfüllenden Bewusstsein Eures Lebens. Und dass mit dem ersten Atemzug Eures Lebens wirklich die Fülle kommt und nicht der Mangel, dass Ihr getrennt seid von irgendwas. Denn das Leben erfüllt Euch und mit so vielen Geschenken erfüllt Euch das Leben, das Ihr gar nichts mehr mitkriegt durch die ganzen Mauern, die Ihr aufgebaut habt. Indem Eure Seele gar nicht mehr in Kontakt ist mit Euch. Doch dies wird sich in diesen Tagen verändern, dass Ihr wirklich die gesamte Seelenkraft in Eurem Körper bereit habt für das erfüllende Leben, für das erfüllende, klare Leben ohne Urteil, sondern überall die Liebe hinschickt, die Liebe und das Vertrauen. Denn Eure Seele hat absolutes Vertrauen, Eure Seele hat absolutes Vertrauen, dass sie auf diesen Planten Erde gekommen ist. Und dass so viele Länder jetzt aufstehen, so viele Jugendliche aufstehen und was mitteilen, ist die Seelenkraft, die zurückkehrt in die Menschen. Dass so viele Menschen jetzt wirklich bereit sind aufzustehen und für sich und ihr Leben wirklich was zu verändern und zu wissen, irgendwas läuft hier falsch. Dass sie das wirklich spüren, das ist, dass die Mauern einbrechen. Die Mauern brechen ein. Und spielt nicht mehr, spielt mit nichts mehr, spielt nicht mehr mit irgendetwas. Spielt nicht mehr in Euren Beziehungen, spielt nicht mehr in der Sexualität, spielt nicht mehr mit dem Mann-Frau-Sein, Mann-Mann-Sein, Frau-Frau-Sein. Spielt damit nicht. Denn das baut Mauern auf, diese ganzen Spielchen zwischen einander, untereinander. Spielt nicht mehr Eure Männlichkeit aus, spielt das nicht mehr aus in dieser Frequenz. Die Seele kennt diese Spiele nicht, das ist nur der Verstand. Die Seele kennt nur dieses Feld der Liebe. Und wenn Ihr das wieder integriert und Oronos macht wirklich für jeden in diesem Raum und für viele, viele Menschenwesen, Tierwesen und Pflanzenwesen die Energie auf. Denn, wenn die Seelenfrequenz da ist, geht die ganze Depression von so vielen Völkern. Und so viele Völker konnten erst in die Depression rutschen, weil sie absolut ihre Seelenfrequenz verloren haben. Auch in Deutschland, auch in Österreich, auch in der Schweiz sind die Depressionen sichtbar. Und alles wird schneller dadurch, alles wird schneller, schneller, schneller. Kein Ausruhen mehr möglich, keine Seelenfrequenz mehr möglich, die Euch lenkt, sondern nur noch schneller, schneller, schneller. Alles muss sofort sein, und das ist ein Ausdruck, in welchem wirklichen Zustand Eure Gesellschaften, Eure Völker sind. Nichts mehr darf in einer Zeit sein, in einer Seelenzeit. Alles muss sofort sein. Und diesen Druck nimmt Euch Oronos. Dass Ihr absolut dieses neue Gefühl von Zeit, von Seelenzeit erfahrt. Dass Ihr die Kraft von Eurer Seele nutzt. Seelenzeit ist, wirklich die Seele durch Euren Körper wirken zu lassen. Doch durch dieses Schnelle, Schnelle, Schnelle, alles ist sofort möglich, habt gar nicht mehr dieses Bewusstsein und auch das Verlangen danach, die Seele wirklich in Eurem Körper Zeit zu geben, Raum zu geben. Und damit Euren Körpern auch wieder Raum zu geben, wieder Euch zu manifestieren. Und während Oronos zu Euch spricht, manifestiert er für Euch diese neue Seelenzeit, dass wirklich Eure Körper aus dieser Depression gehen, dass Eure Frequenzen wieder in ein neues Bewusstsein der Liebe kommen. Seelenzeit, die wirklich alle Mauern einstürzen lässt. Alle Mauern zerbrechen und zerfließen mit Liebe. Und genau das braucht es auch in Euren Beziehungen, diese Seelenzeit, diese Seelenenergie in Euren Beziehungen, in Euren Partnerschaften, doch vor allem erst mal zu Euch selbst, diese Seelenzeit wieder einzuladen. Davon wirklich zu kosten und diese Seelenzeit in Euren Zellen auszudehnen, damit Ihr wirklich keine Spiele mehr spielt, damit Ihr keine Spiele mehr manifestiert in Eurem Leben. Und hört nicht mehr auf andere. Die Seelenzeit ist bei Euch. Gebt niemandem mehr die Schuld. Niemandem mehr die Schuld. Gebt niemandem mehr die Schuld über Euer Leben, diese Seelenzeit gibt es nicht. Die Seelenzeit ist nur präsent, nur Präsenz in Eurem Leben, nur Präsenz und nur Freude. Und Euer Leben verantwortungsvoll zu manifestieren. Euer Leben in die Kraft zu bringen. Euer Leben wirklich in das zu bringen, was Ihr wirklich leben wollt. Ganz authentisch in allem. In allem. Nicht nur ein bisschen kosten. Hundert Prozent, tausend Prozent. Das ist die Seelenzeit, die Oronos in Euch wieder aktiviert, die Oronos in Euch wieder manifestiert. Und dass Ihr keine Angst davor habt, vor dieser Seelenzeit. Denn, wenn die Seele im Körper ist, wenn die Seele im Körper sich gut fühlt, wenn der Körper weich ist, dann gibt es nur diesen Augenblick der Liebe und die Fülle auf allen Ebenen ist da, die Glückseligkeit. Denn die Seele ist Glückseligkeit, das ganze Quantenfeld ist doch Glückseligkeit und Mutter Erde ist aus Glückseligkeit entstanden. Glückseligkeit. So muss er sich in so einen Körper zwängen, um Euch zu erreichen, damit diese Seelenzeit wieder auf die Erde kommt, um Euch Menschenwesen in ein neues Leben zu führen mit dem Planeten der Kreativität zusammen und nicht und niemals getrennt. Und Ihr habt so viele Trennungen in Euren vergangenen Leben erlebt. So viel Leid, weil Ihr dieser Seelenzeit keinen Raum gegeben habt. Und diese Seelenzeit kann drei-, vierhundert, fünfhundert Jahre auf dem Planeten Erde bedeuten. Und das ist die Fülle der Glückseligkeit, dass Ihr wirklich auf einem Planeten lebt, der aus Glückseligkeit entstanden ist, der aus Glückseligkeit geformt wurde, der aus Glückseligkeit erschaffen wurde. Erschaffen wurde. Und wenn Ihr Euch diesen Planeten anschaut, in welcher Art und Weise er Euch Fülle gibt, mit allem gibt er Euch die Fülle, wenn Ihr Euch dies zunutze machen würdet, dann würdet Ihr so was von glücklich und in der Glückseligkeit schweben, dass Ihr in dieser Phase auf dem Planeten Erde lebt. Und so viele Milliarden von Seelen sind gekommen, so viele Milliarden von Seelen sind in den letzten dreißig Jahren gekommen, um diesen Planeten der Kreativität zu erleben, zu erfahren mit der Seele. Doch diese Seelenzeit ist absolut in Vergessenheit geraten und die wird Oronos in diesen Tagen auf dem gesamten Planeten Erde wieder aktivieren. Diese Seelenzeit, die Oronos auch in diesen Raum, in Eure Körper, in Eure Zellen mitbringt, denn das ist die Bedingung zur Glückseligkeit und zur Erfüllung des Lebens, dass Ihr Eurer Seele wieder Raum gebt.

Es ist so ein tiefes Feld Eure Stationen zu sehen in diesem Leben, die Euch offen und frei und bereit gemacht haben, dass Ihr wirklich jetzt diese Seelenzeit wieder erfahrt. Und dass Ihr aus dieser schnelllebigen Zeit austretet und wirklich Raum habt, Raum für Euch, Raum für die Liebe, Raum für Euer Leben, Raum für Eure Partnerschaft aus dem Herzen, nicht weil es Trend ist, eine Partnerschaft zu haben, sondern wirklich aus dem Raum des Erwachens heraus. Denn das ist immer die Fülle, und wenn so viele Menschen auf der Erde, auf dem Planeten, so viele Menschenwesen immer streben nach dem Glück und sie gar nicht das Glück sehen, was ihnen schon jetzt zuteilwird, dann wird das Leben immer enger, weil die Erfüllung gar nicht mehr zugelassen werden kann. Doch das ist ein sehr tiefes Feld, dass so viele Menschen die Erfüllung nicht im Leben sehen, sondern in Ihrem Partner, in ihrer Partnerschaft und sich ohne Partner nicht gut fühlen. Doch das ist ein tiefes Erwachen, wenn wirklich die Seelenzeit in Euch Einzug hält. Dann entsteht ein völlig neues Leben, in dem so viel Altes geht und alte Vorstellungen, alte Formen und neue Energien kommen. Und das sind alles nur Eure Vorstellungen von Urteilen geprägt. Doch wenn Ihr in Dankbarkeit wirklich die Erfüllung des Lebens zulasst und die Erfüllung Eurer Seele zulasst, dann entsteht ein so großes Feld von Liebe und alles, was die Seele erledigen will in diesem Leben, kann erledigt werden, und das ist die Erfüllung im Leben. Das ist das Bewusstsein von Glückseligkeit. Und wenn Glückseligkeit da ist, dann ist Glückseligkeit nicht nur im Körper, sondern auf allen Ebenen Eures Lebens da. Und wenn Ihr wieder denkt, wenn der Verstand reinkommt: „Ich verstehe von dem gar nichts, was der da vorne sagt. Immer wieder dasselbe". Das war gerade so laut Elior. Doch dieses Feld braucht nicht verstanden zu werden. Wenn Oronos diese Seelenzeit wieder in Euch verankert, dann geschieht dies, und Ihr seid da, Eure Seele hat die

Bereitschaft dazu gegeben, Euch wirklich in ein neues Leben zu führen. Und der Verstand versucht dies immer wieder zu verändern durch diese ganzen Urteile, durch dieses ganze Verstehen. Und die Menschenwesen stehen auf das Verstehen. Und wenn sie nicht so viel verstehen wollten, dann wär' schon längst diese Kraft, diese Seelenzeit schon längst auf der Erde verankert. Und die Fülle fordert Euch immer zu Klarheit auf, in allem zur Klarheit ohne Urteil, wirklich in Klarheit zu Euch zu stehen. In Klarheit zu Euch in Eurer Partnerschaft zu stehen, Euch nicht mehr zu definieren, nur wenn ich in einer Partnerschaft bin, bin ich glücklich. Oder auch nur, wenn ich in einer Partnerschaft bin, geht es mir schlecht. Auch das ist eine wundervolle Ausrede, das Quantenfeld zu verarschen. Doch darum geht es nicht mehr in diesem Leben für Euch. Und wenn Ihr das erlöst, wenn Ihr wirklich darüber hinauswachst, aus diesen ganzen Spielen, dann habt Ihr wirklich die Fülle auf allen Ebenen geschafft, die die Seele immer anstrebt. Denn die Seele kommt aus dieser göttlichen Glückseligkeit, Eure Seele kommt aus dem göttlichen Feld der Fülle. Für sie ist alles präsent, in jedem Atemzug. Und die Energie wird stärker und stärker hier im Raum für Euch, wird immer stärker manifestiert, dass die Seelenzeit wirklich in jede Zelle zurückkehrt. Und dass Ihr alle Spiele wirklich erlöst. Der größte Orgasmus in Eurem Leben ist eins zu werden mit Eurer Seele, sonst gar nichts. Damit kann

Euer Verstand was anfangen. Da muss so ein Meister aus dem Quantenfeld, der die Erde erschaffen hat, zu Euch kommen, um den Verstand wirklich zu überwinden. Und das Einzige, was wirklich, was wirklich Bestand hat, ist die Seelenzeit, Eure Seele im Körper zu verweilen. Und dann ist alles da. Alles da. Alles. Und definiert Euch nicht wirklich über dieses Feld von Sexualität, von Mann- und Frausein, definiert Euch wirklich über die Liebe und über diesen Seelenraum, der jetzt in Euch verankert wurde. Und dadurch, dass ganz viele Völker aus der Depression in die Liebe fallen. Und mit der Seelenzeit habt Ihr immer weniger Definitionen in Eurem Leben, könnt Ihr Euch nicht mehr so einordnen, könnt Ihr Euch absolut in Freiheit fühlen. Und diese Schlüssel sind die Bedingungen auch zur Seelenzeit, die Dankbarkeit, das Urteilsfreie und frei zu sein von Haben-wollen, frei zu sein von Kämpfen. Das sind die Grundlagen für die Seelenzeit. Denn Eure Seele ist wirklich die absolute Glückseligkeit, verankert in eurem Körper, doch bei so vielen Menschen, nur noch fünf Prozent, weil sie dieses vergessen haben, weil sie in Schlaf gefallen sind. Doch indem Oronos hier dieses für Euch und für Mutter Erde manifestiert, wachen viele viele Menschenwesen wieder auf. Und eine Depression kann nur auch geschehen, wenn sich die Seele zurückzieht, dann ist die Glückseligkeit weg und die Freude. Und dann beginnt das ganze Leben von vorne hinter Mauern. Doch Ihr habt gewählt in diesem Leben, wirklich alles frei werden zu lassen. Alles. Und diese Seelenzeit ist sehr mächtig. Und nehmt Euch wirklich den Raum, immer mehr mit der Seele zu verschmelzen, immer mehr mit dieser Seelenzeit in Verbindung zu sein. Seelenzeit bedeutet wirklich Fülle auf allen Ebenen. Shantimo komm. Herzensklänge ist die Seele, verankert sich im Körper, Herzensklänge ist die Seelenzeit.

SEELENZEIT

TEIL II

Geliebte Menschenwesen,

durch die Seelenzeit ist einiges in Aufruhr gekommen in Eurem Bewusstsein. Durch diese Seelenzeit verlangsamt sich Euer Leben, aus dieser Schnelligkeit geht Ihr hinaus und das macht erst mal dem Verstand Stress, denn der Verstand ist in diese Schnelligkeit eingeweiht und nicht in dieses Feld der Seelenzeit. Doch in dieser Einheit wird Oronos auch den Verstand einweihen, Eure Gedanken, Eure Gehirnzellen einweihen in diese Seelenzeit. So viele hormonelle Erkrankungen sind durch diese Schnelligkeit entstanden im Gehirn. Und wenn diese hormonellen Geschichten wieder in der Seelenzeit ablaufen, so können die Drüsen, die Hormondrüsen, sich erholen. Weil durch die ständige Schnelligkeit, werden viel zu viele Hormone in den Drüsen ausgeschüttet, und dass Ihr das nicht mehr braucht, dass der Körper wirklich in der Seelenzeit lebt und nicht in der Schnelligkeit. Ihr werdet geboren, kommt auf diesen Planeten Erde, werdet geboren, werdet wirklich auf die Erde geboren und allein dieses Feld des Geborenwerdens ist so eine kosmische und irdische Erfüllung. Und doch gibt es so viele schwächende Einflüsse während dieser großen Einweihung. Deshalb ist es sehr wichtig, immer auch darauf zu achten, wie der Körper und die Seele auf den Planeten Erde kommen. Denn, wenn schon im ersten Atemzug der Mangel da ist, wie kann sich das Leben dann noch entfalten und Euch erfüllen. Dann ist so viel Angst aufgebaut und diese Angst wird Euch Oronos in dieser Einheit nehmen, diese Angst zu versagen. Niemand kann versagen. Niemand. Nirgendwo auf der Erde kann irgendein Körper, eine Seele versagen. Das ist ein wichtiges Feld. Auch in den Partnerschaften, immer wieder sich vorzuwerfen, zu versagen. Und wenn das Kind, wenn das Wesen, wenn der Körper und die Seele auf die Erde kommen, ist die Unterstützung mit Liebe das Wichtigste, damit nicht der Mangel schon im ersten Atemzug sich einstellt. Getrennt sein von Gott. Das fühlt aber nur der Körper, die Seele nicht. Doch dieses Fühlen des Körpers ist so mächtig, dass dies oft überwiegt über das Leben. Diese Einsamkeit, dieses Abgeschnittensein von Gott, dabei ist die Seele doch von Gott. Oronos spricht dies alles, weil dies alles in diesem Raum, in Euren Zellen verankert ist. Macht Ihr Euch noch mal bewusst, was alles in Eurem Körper ist, in Euren Zellen ist. Damit das wundervoll jetzt gehen kann. Und dass wirklich die Seelenzeit in Eure Gehirnzellen kommen kann, damit der Verstand in diesem Leben Euch keine Mauern mehr aufbaut. Und wenn in jeder Zelle diese Seelenzeit wieder da ist, habt Ihr noch mal eine verlangsamtere

Wahrnehmung. Das bedeutet, Ihr seid noch viel offener, bekommt noch viel mehr die kraftvollen Energien mit und spürt Euch noch viel mehr und das, was Eure Seele leben möchte auf dem Planeten der Kreativität. Und es kommen hier viele Widerstände, viele Widerstände in Eurem Gedankenfeld, denn dann können die Gedanken nicht mehr bewerten, nicht mehr urteilen. Dann können die Gedanken wirklich in Freiheit und liebevoll für jedes Menschenwesen, Tierwesen und Pflanzenwesen sein. Und das ist der Weg in die Freiheit. Das ist der Weg in die Fülle, das ist der Weg in das Sein. Oronos ist gekommen, um wirklich die Dinge auf der Erde, die anstehen, zu verändern. Und es stehen viele Dinge an und Oronos möchte Euch wirklich helfen, möchte Euch behilflich sein bei Eurem Prozess des Loslassens, um wirklich in die Fülle zu kommen, denn Eure Seele ist diese göttliche Fülle. Eure Seele ist das göttliche Bewusstsein, die göttliche intelligente Liebesschwingung. Und wenn die ganzen Wünsche aufhören. Wünsche sind immer aus dem Mangel. In den Büchern, die ihr gelesen habt, kam die gute Fee und hat alle Wünsche erfüllt, doch sie wurden nicht glücklicher dadurch, weil sie sich immer mehr gewünscht haben und immer mehr und immer mehr. Und sie waren niemals mehr zufrieden. Wünsche machen Euch nicht glücklich. Wünsche kommen immer aus dem Unterbewusstsein. Das ist so wichtig, dass Ihr Eure Kinder nicht fragt: „Was wünschst du dir?".

Damit bekommen sie das Gefühl, dass wünschen ihnen alles erfüllt. Doch das ist nicht die Erfüllung, die vom Herzen ausgeht und die auch das Quantenfeld erreicht. Wünsche erreichen nicht das Quantenfeld. Wenn Ihr wünscht, dann werdet Ihr immer warten, denn das Wünschen kommt wirklich vom Verstand. Dankbar die Dinge anzuerkennen, dankbar zu bitten, dankbar wirklich aus dem Herzen zu sprechen, das kommt in dem Quantenfeld an. Denn aus dem Wünschen heraus ist ein Mangel an Liebe und aus der Dankbarkeit heraus ist die Liebe vorhanden ohne zu urteilen. Wünsche sind immer auch mit einem Urteil verbunden und die Dankbarkeit nicht. Und es ist so wichtig, dass Ihr wirklich den Unterschied merkt. Und mit diesem Seelenzeitfeld tretet Ihr wirklich in diese Dankbarkeit ein und die Wünsche, sind aus dieser Schnelllebigkeit entstanden. Und aus dem Mangel, das nicht zu haben, was der andere hat. Und mit dieser Seelenzeit geschieht es nicht mehr. Dann seid Ihr völlig bei Euch und alles kann kommen, weil Eure Seele durch Euch lebt und nicht die Wünsche. Und die Seelenzeit bringt Euch in die Stille. Das Ihr aus der Stille handeln könnt, aus der Qualität Eurer Seele und nicht aus diesem Schnelllebigkeitsgefühl. Aus der Dankbarkeit heraus sind alle Wünsche weg und das, was wichtig ist, bleibt und wird manifestiert. Je mehr Ihr in der Seelenzeit seid, umso stiller wird alles. Und Euer Leben wird noch viel lebendiger. Denn, wenn Ihr Euch auf das Wesentliche konzentriert in Eurem Leben und keine Ablenkungen mehr habt, dann wird das Leben wirklich lebendig in der Verbindung mit Eurer Seele. Und die Seelenzeit ist in jeder Zelle Eures Körpers manifestiert, Ihr braucht sie nicht zu aktivieren mit einem Mantra, Ihr seid immer in dieser Seelenzeit – jetzt. Das Leben verlangsamt sich und Eure Seele wird dadurch lebendig. Und es hat nichts mit Karma zu tun, ob jemand arm oder reich ist, hat nichts mit irgendetwas zu tun. Das kennt die Seele überhaupt nicht, diesen Zustand von arm oder reich, das kennt nur der Verstand. Denn, wenn Eure Seele lebendig wird, dann geschieht das Unfassbare, das sich Euer Leben erfüllen lässt. Und viele Menschenwesen machen die Fülle einfach nur von ihrem Bankkonto abhängig. Doch das ist genau der Weg des Wünschens aus dem Mangel heraus. Und mit der Seelenzeit gibt es in allem nur noch die Fülle. Könnt Ihr die Fülle nur noch erfüllen. Ihr könnt Euch das noch gar nicht vorstellen, was das bedeutet mit der Seelenzeit. Alles dehnt sich neu aus durch Eure Seele. Und hört endlich auf damit, immer nur zu denken, Ihr wäret nicht gut genug dafür oder Ihr wäret es nicht wert. Wenn dem so wäre, dann wäret Ihr nicht gekommen. Oronos möchte Euch nicht in dieser Welt lähmen. Oronos möchte, dass Ihr wirklich erwacht.

Das ist die Seelenzeit. In ständiger Extase zu sein. Das ist die Seelenzeit. Wie wundervoll sich jetzt Eure Seele verteilt hat in Eurem Körper und diese Seelenzeit wirklich Eure, alle Zellen erreicht hat. Denn diese Bilder haben die Kraft von Oronos potenziert, so erhöht, dass Ihr fast gar nicht mehr in diesem Raum wart. Doch Oronos möchte Euch ja wirklich im Körper erreichen, damit Ihr wirklich Eure Seelenkraft, Eure Seelenzeit wirklich auf Mutter Erde nutzt, denn das ist ein ganz großes Geschenk für Euch, was Euch zuteilwird und für Mutter Erde, für diesen Planeten der Kreativität. Und wenn Ihr wirklich die Fülle in allen Ebenen einladen wollt, dann pflanzt eine Pflanze, denen Ihr die ganze Liebe gebt. Dann seht Ihr, was die Liebe macht und dann erfüllt Euch die Pflanze und erfüllt Euer Herz und Ihr seid im Fluss zusammen. Oronos pflanzt immer noch überall, wo er mit seinem Mutterschiff landet und arbeitet, immer noch überall die Pflanzen der Liebe, die Pflanze der Hoffnung und die Pflanzen des Vertrauens. Und wenn Ihr wirklich sehen wollt, wie Fülle wirklich funktioniert, dann pflanzt eine Pflanze, die Ihr betreut mit Liebe und die Pflanze gibt Euch in Ihrer ganzen Schönheit die Liebe zurück. Und so ist es auch mit der Seele und dem Körper. Wenn sich die Seele zu tausend Prozent im Körper befindet, kann der Körper nur leuchten für alle Zeit und hat alle Zeit, alle Kraft. So liebt der Körper die Seele und die Seele liebt den Körper und diese Vereinigung, diese Einheit, bringt diese absolute Glückseligkeit und die Verjüngung. Dass die Menschen sich so alt fühlen im Körper, dass sie Ihren Körper so alt fühlen, ist wirklich, weil die Seele rausgegangen ist. Nur noch einige wenige Prozente drin sind. Doch die Seele kennt keine irdische Zeit, sie kennt nur diese Seelenzeit und kein irdisches Jahr, sodass, wenn wirklich die Seele drinnen ist im Körper, dann gibt es kein altern, dann gibt es nur die Verjüngung und das ist das Ziel in dieser Seelenzeit. Das Leben auszudehnen und dann erfüllt Euch das Leben und Oronos bringt Euch so viel Licht und so viel intelligente Liebesschwingung in Eure Zellen. Und noch mal, Ihr müsst gar nichts tun. Sehr schwer für Euch zu begreifen. Doch die Seelenzeit ist doch schon immer da, so oft Eure Seele auf die Erde kam und die kam schon sehr oft, hat sie diese Seelenzeit mitgebracht. Doch durch die ganzen Erfahrungen des Körpers konnte diese Seelenzeit nicht aktiviert werden, nicht gelebt werden. Mit jedem Atemzug könnt Ihr die Dankbarkeit ausdrücken für Euer Leben und für die Kraft Eures Lebens. Die Seele kennt wirklich nur die Fülle. Die Fülle der Liebe, der Gelassenheit, der Freiheit und der Freude. Und was noch ein sehr wichtiger Weg zur Fülle ist, ist die Vergebung. Euch zu vergeben, denn dann könnt Ihr alles geben aus der Fülle heraus. Alles, aus Eurer Herzensfülle heraus geben, nicht aus dem Verstand. Vergebung heißt nicht Entschuldigung. Schuld gibt es nicht in diesem Feld. Vergebung bedeutet Bewusstsein, dass zwischen den Zellen wieder absolut die Liebe fließt. Und die Dankbarkeit ist Vergebung und die

Liebe ist Vergebung. Und die Anerkennung, die Anerkennung Eures Körpers, die Anerkennung Eures Lebens, die Anerkennung von den Menschenwesen, Tierwesen und Pflanzenwesen, das ist Vergebung. Nicht einfach in dieses Feld der Entschuldigung gehen, weil dies gibt es nicht. Das hört das Quantenfeld nicht. Entschuldigung hört das Quantenfeld nicht und kennt es auch nicht. Die Anerkennung, die Dankbarkeit und die Vergebung sind absolut wichtige Tore für die Fülle in Eurem Leben, für die Seelenfülle. Denn nur so kann sich was wandeln. Und erkennt Euch an für alles, was Ihr erschaffen habt in Eurem Leben, erkennt Euch wirklich an. Wenn Ihr Euch anerkennt, dann habt Ihr Euch wirklich von der Vergangenheit befreit. Und Oronos bringt Eure Zellen so in Schwingung, Eure Zellen schwingen so stark jetzt in dieser Seelenzeit. Und das Quantenfeld ist wirklich offen für die Anerkennung, für die Dankbarkeit und für die urteilsfreie Liebe. Oronos sendet Euch Rosenduft. Und die Phasen, dass Ihr keine Gedanken mehr habt, werden länger, ohne dass Ihr schlafen müsst. Alles dehnt sich aus durch diese Seelenzeit. Und es ist eine so tiefe Stille jetzt in Euch, alle Zweifel sind beiseite, gelöscht. Und es werden sich jetzt bahnbrechende Dinge in Eurem Leben auftun. Denn Oronos sieht alles und weiß alles von Euch. Und mit dieser Seelenzeit werdet Ihr viel, viel Extase erleben. Denn das ist wirklich die Fülle und es ist einige harte Energie gewesen, wirklich Eure Gedanken auch in diese Seelenzeit zu bringen und Eure Gehirnzellen, denn Eure Hormone arbeiten bereits schon jetzt ganz anders. Sie sind viel ruhiger, Eure Drüsen sind viel, viel ruhiger. Und dann braucht Ihr auch nicht mehr so viel zu schlafen, wenn die Hormone wieder im Fluss sind. Durch dieses ganze Schnelle, Schnelle, Schnelle, das ermüdet auch Euren Körper. Doch dies wird jetzt in dieser Art nicht mehr funktionieren. Ihr könnt nicht mehr funktionieren mit Eurer Seelenzeit. Und Ihr werdet so ein leichtes Leben immer stärker erfahren, dass die Widerstände weggehen und Ihr wirklich das Leben erfüllt und das Leben erfüllt Euch. Denn das, was Oronos in Euch manifestiert, manifestiert er in vielen Völkern auf der Erde zur gleichen Zeit. Und dies bedeutet nicht, wenn Ihr in der Seelenzeit seid, dass Ihr nur noch im Himmel seid. Das bedeutet es überhaupt nicht. Die Seelenzeit bedeutet wirklich, den Himmel auf die Erde zu bringen. Das bedeutet die Seelenzeit. Und Ihr könnt aus dieser Depression rausspringen. Oronos gibt noch mehr Energie für Eure Zellen, dass Ihr wirklich ganz weich werdet. Und alle Anerkennung ist eine Bereitschaft für die Liebe. Alle Anerkennung. Oronos ist so dankbar dafür, dass Ihr gekommen seid, um dies große Werk mit Euch zu manifestieren. Denn alles, was Oronos sagt, wird alles aus Euren Zellen rausziehen und das Neue in Euren Zellen manifestieren. Und haltet wirklich diese Seelenzeit. Lasst sie wirklich fließen in der Verbindung mit

Eurer göttlichen Glückseligkeit. Lasst Euch nicht mehr ablenken vom Essen und vom Kuchen und vom Kaffee. Lasst Euch von nichts mehr ablenken. Das sind solche vergänglichen Sachen. Doch das, was wirklich bleibt, ist die Seele und die intelligente Liebesschwingung in jeder Zelle. Wenn Ihr erfüllt von Euch seid, dann könnt Ihr die wahre Liebe von Oronos wirklich annehmen und das meint Oronos auch immer damit, wenn er sagt, ob ihr wollt oder nicht. Und Oronos ist so voller Liebe für den Planeten der Kreativität und für jedes Lebewesen. Denn im Einklang ist wirklich die Fülle so stark da.

DAS NEUE BEWUSSTSEIN VON FÜLLE

Geliebte Menschenwesen,

Oronos ist zurückgekehrt, um mit Euch wirklich das Bewusstsein von Fülle auf Mutter Erde, auf dem Planeten der Kreativität, wieder zu verankern. Denn, wenn die Kreativität wieder in Euch aktiviert ist, dann ist die Fülle aktiviert und das ist der Weg. Wenn die Kreativität da ist in Eurem Leben, die Seelenkreativität, der Ausdruck Eurer Seele in Eurem Körper verankert ist, dann ist die Fülle in allen Ebenen bei Euch.

Geliebte Wesenheiten der Liebe. Es ist so gut, dass Ihr gekommen seid. So kann Oronos durch Euch auf Mutter Erde ein völlig neues Feld vom Mann sein manifestieren. Eine völlig neue Lebendigkeit in Euch. Dass diese ganze Unterdrückung von vielen Millionen Jahren aufhört. Denn Eure Seele ist aus dem Quantenfeld und jede Seele ist aus dem Quantenfeld und deshalb ist die Seele nicht so interessiert, ob weiblicher oder männlicher Körper, daran ist die Seele, dieses große Feld, nicht wirklich interessiert. Die Seele interessiert es nicht, mit wem sie heute Abend schläft. Die Seele interessiert es nicht. Und Oronos möchte in dieser Einheit wirklich ein völlig neues Bewusstsein der männlichen Energie, der männlichen Fülle auf dem Planeten Erde durch Euch, durch Eure Zellen manifestieren. Denn die meisten Männer auf dem Planeten laufen immer noch ihrer Mutter hinterher, statt sich selbst hinterherzulaufen. Und das ist so wichtig, dass in dieser Fülle Energie erlöst wird. Denn, wenn Ihr wirklich Eurer Mutter hinterherlauft, weil die Trennung so stark war, dann könnt Ihr nicht frei sein. Und die ganze Sexualität ist so mutterbetont bei der männlichen Energie. Die ganze Sexualität auf dem Planeten Erde läuft wirklich darauf ab, wenn es keine bewusste Sexualität ist, wirklich die Mutter wiederzubekommen. Doch das ist jenseits von dem, was Eure Seele will, geliebte Männer. Oronos hat sich dieses Feld sehr genau angeschaut und diese Macht, diese Macht, die der Verstand über Eure Sexualität ausübt, ist jenseits von dem, was Eure Seele ist und ist jenseits von dem, was Eure Seele wirklich erfahren will und jenseits der Fülle. Und es geht wirklich auch in der männlichen Energie darum, nichts mehr zu wollen. Nichts mehr zu wollen. Einfach wirklich da zu sein, präsent zu sein und dankbar die Seele in Euren Körper lassen. Warum schickt man keine Frauen in den Krieg? Weil die Frauen wirklich noch viel mehr verbunden sind mit der Seele und durch das Empfangende. Doch so viele Männer sind in den Millionen von Jahren so qualvoll in Kriegen umgekommen, weil Ihr Männer absolut für Eure Mutter kämpft. Deshalb kann man Euch viel leichter dazu bewegen und manipulieren. Doch dies muss aufhören, dieses Feld, die gleichwertige Seele von Mann und Frau. Denn die Seele interessiert es nicht, ob sie männlich oder weiblich ist, in einem weiblichen oder männlichen Körper. Die Seele ist einfach göttlich. Und das ist das Feld, in das Oronos Euch wirklich wieder hinbringen möchte, dass Ihr Eure göttliche Fülle lebt, dass Ihr Eure göttliche Präsenz der Liebe lebt in Eurem Körper mit Eurer Seele. Und während Oronos zu Euch spricht, löst er in der gesamten Männerstruktur auf dem gesamten Planeten diesen Kampf nach der Mutter. Denn nur so könnt Ihr wirklich auch Eure ganze Fülle leben und nicht in jeder Beziehung wieder und wieder Eure Mutter lieben, damit wirklich in jedem Land die gesamten Kriege aufhören. Oronos sagte in einer Situation einem Soldaten, der seine Waffe auf Oronos gerichtet hatte, er soll endlich sich lieben und aufhören, ständig seine Mutter zu erschießen. Und er nahm das Gewehr und schmiss es weg. Diese ganze Kriegsgeschichte ist wirklich auch aufgebaut, weil diese Trennung von der weiblichen Energie Euch so erschüttert hat. Und dies wird Oronos wirklich jetzt erlösen, auflösen in Euch, damit Ihr wirklich eine Partnerschaft leben könnt, in der beide gleich sind. Damit jede Partnerschaft zwischen Mann und Mann, Frau und Frau, Frau und Mann absolut in Gleichklang ist. Und keine Frau ist irgendetwas, sondern jede Seele ist wirklich absolut gleich. Und deshalb sind auch so viele Völker in der Depression, weil die weibliche Kraft außer Kraft gesetzt wurde. Deshalb sind so viele Völker in der Depression, weil man sie nicht anerkennt, diese weibliche Kraft. Und wie Oronos sagte, die Anerkennung ist so wichtig, Euch anerkennen, Eure Partnerschaft anerkennen und auch die weibliche Kraft anerkennen. Denn sonst fällt der Körper in eine Depression und das ist global und kollektiv zur Zeit auf dem Planeten Erde, deshalb ist es die Kraft von Oronos, die jetzt dort hineinfließt, damit Ihr Männer wirklich aufhört, die weibliche Energie zu unterdrücken. Und wirklich die Fülle zulasst, das Empfangende zulasst, das Empfangende erlebt und zulasst. Oronos sagt nicht, Ihr seid die Bösen, Ihr seid die Doofen. Oronos möchte wirklich den Gleichklang auf Mutter Erde durch Euch, die Ihr so zahlreich gekommen seid. Lebt wieder den Gleichklang. Ihr seid stellvertretend da für alle Männer auf diesem Planeten Erde, um wirklich dieses Feld des Gleichklangs wieder zu öffnen, um das Feld von Liebe und Würde wieder zu erfüllen gegenüber jeder Seele. Egal ob Mann oder Frau. Doch diese Millionen von Jahre, die die männliche Energie in die Dominanz gegangen ist, hat wirklich die ganzen Völker in die Depression geführt. Und dieses wird Oronos nehmen, dass wirklich wieder alle Männer und Frauen in dieser Zeit zusammen sein können in Würde und nicht in Abhängigkeit. Ihr macht Euch so abhängig von der weiblichen Energie, durch die Mutterenergie, dieses

Haben-Wollen, macht Ihr Euch so abhängig. Doch es ist so wichtig in einer Partnerschaft, die Liebe reinzugeben und alles andere fließen zu lassen. Alles andere bereitet die Liebe. Und wenn Ihr wirklich die Verantwortung bei Euch lasst und Eure Seelen, Euren Körper anerkennt und die Seele und den Körper Eures Partners, dann seid Ihr so was von erfüllt von Euch und Eurer Beziehung, von Eurer Partnerschaft zu Euch selbst und dann zu Eurem Partner. Denn erst, wenn Ihr erfüllt seid, dann entsteht ein Megafeld von Liebe mit Eurer Partnerin, mit Eurem Partner. Und auch alleine, wenn Ihr Euch erfüllt, dann seid Ihr mit allem in der Verbindung. Und das ist wirklich die Erfüllung, dass Ihr wirklich aus diesem Feld von dem männlichen, von dieser männlichen Kraft über das Herz transportiert, nicht über Eure Sexualität. Denn so viele Männer auf dem Planeten definieren sich über Ihre Sexualität und das ist nicht der Weg der Seele. So viele Männer definieren sich über, wie viele Frauen in sie in einer Nacht hatten. Das ist so ein unwürdiges Spiel mit der Macht. Doch die Seelenzeit bringt wirklich auch in Euch diese tiefe Veränderung auf der Erde. Und Oronos manifestiert das, was er in Euch manifestiert, in jeder männlichen Körperenergie, dass Ihr wirklich die Freiheit wieder erfahrt, dass Ihr die Freiheit spürt, als Mann wirklich Euch zu lieben. Euch nicht mehr abhängig macht von dieser Liebe einer Frau, dass Ihr Euch nicht mehr abhängig macht von einer Liebe

Eurer Mutter, sondern dass Ihr ganz, ganz frei seid. In Euch frei seid, in der Liebe frei seid. Und dann kann das Bestmöglichste entstehen. Und nicht aus diesem Haben-Wollen, so in dieser Ebene. In dieser Welt, die Oronos kennengelernt hat, möchten die Männer immer die Frauen besitzen. Doch dieses Besitzen führt niemals ins Herz. Dieses Besitzen führt immer in ein Tsunami. Und Ihr, die Ihr hier seid, Ihr seid so wundervolle Vorreiter für das neue Leben, für die neue männliche Energie, die Oronos wirklich in der Menschheit, in den Männern, verankert. Eure Seele jubelt, dass Ihr wirklich gekommen seid, um dieses Fest mit Oronos zu feiern, um dieses Fest und um diese Liebe, denn dieses Feld ist so mächtig, dass in diesem die männliche Energie so viel um Sexualität kreist. Jeder Gedanke ist ein Sexualitätsgedanke, in so vielen Köpfen. Und das bringt Euch absolut nicht zu Euch selbst. Das bringt Euch immer wieder weg voneinander. Deshalb ist es so gut, dass Ihr da seid, um diesen Verstand, diesen sexuellen Kick wirklich in Euer Herz zu bringen. Nicht nur auf zwei Sekunden in Eurem Leben, nicht nur auf eine Sekunde. Denn, wenn Ihr Eure Sexualität in diesem Bewusstsein des Göttlichen, der Seele, lebt, dann seid Ihr absolut in der Erfüllung mit Euch selbst. Denn schaut Euch ein Wesen an, schaut Euch ein Baby, ein Kind an, es hat keine Energie von Sexualität. Einfach präsent mit allem was ist. Doch durch dieses ganze Unten-Halten, durch diese ganzen Medien, durch diese ganzen Tabu-Themen auf dem Planten Erde rutscht diese Liebe ab. Und es kann nur noch über die Sexualität fließen. Denn so viele Männer verlieren durch Ihre Sexualität so viel Lebenskraft, verlieren so viele Energien, statt zu bekommen, wenn es wirklich nur die gelebte Energie vom Verstand ist. Und wenn die Lebenskraft immer mehr verloren geht, dann verliert auch die Erfüllung. Und es ist so wundervoll, dass Ihr da seid, dass Oronos wirklich durch Euch ein neues Bewusstsein in und auf Mutter Erde in jedem männlichen Feld manifestieren kann. Und Ihr seid niemals schlecht. Oronos verurteilt nichts. Es geht nur darum, etwas zu verändern, dass die Sexualkraft wieder mit der Lebenskraft vereint wird. Und wenn Ihr Euch anerkennt, dann erkennt Ihr wirklich alles an in Eurem Leben und schaut wirklich hin, was Ihr noch nicht alles in Euch, in Eurem Körper, anerkennt. Und kein Körper trägt eine Schuld, ob er Mann oder Frau geworden ist. Trägt keine Schuld damit, es geht nur um das Bewusstsein. Und es geht darum, dass Ihr Euch wirklich wieder Eurer Weichheit öffnet, dass Ihr wirklich wieder die männliche Energie, Berührung zulasst. Und nicht alles abprallt. Lasst Euch immer von Euch berühren und von dem, was Euch berühren will. Und lasst Euch hier jetzt in diesem großartigen Feld von Oronos berühren. Und schaut Eure Fülle an. Eine männliche und weibliche Kraft kann eine Seele auf die Erde bringen und manifestieren. Schaut Euch Eure Füllekraft erst mal an, was das bedeutet, welche Kraft zusammen da ist. Zusammen. Welche Kraft wirklich in Euch steckt. Und das sollte Euch immer auch im Bewusstsein sein, dass dieses großartige, kraftvolle Manifestation ist. Und nicht die Sexualität aus Lust so rausschleudern. Das ist nicht das, was wirklich Eure Seele will. Doch wenn Ihr Euch wirklich bewusst seid, dass Ihr wirklich eine Seele, einen Körper durch Eure Kraft, durch Mann- und Frau-Kraft manifestieren könnt, was das für eine Kraft ist. Und wenn Ihr Euch davon erfüllen lasst, dann wird diese Lust so nebensächlich, denn Lust entsteht aus Langeweile. Und so vielen Männern scheint es so langweilig zu sein. Frauen ist nicht so langweilig. Doch wenn Eure Seele wirklich mit dem Körper verschmolzen ist, dann ist diese absolute göttliche Extase da und dann kommt überhaupt keine Langeweile mehr auf in Eurem Leben.

Es ist so ein tiefer Prozess jetzt geschehen für die Völker und für die Kraft auf dem Planeten Erde. So geht zurück Ihr wundervollen Menschenwesen. Es ist so viel Heilung geschehen jetzt, auch für die weibliche Kraft. Denn, wenn die Hingabe wieder da ist, dann ist diese Freude da. Die Hingabe zwischen den Partnern, zwischen der Erde und dem Kosmos, wenn die Hingabe da ist. So feiert Euch jetzt. Nehmt das Mahl zu Euch als Feier der Götter. Oronos bleibt noch etwas in diesem Raum, bevor die nächste Begegnung stattfindet. Geht und feiert jetzt das Mahl und feiert Euch. Es sind so tiefe Energien, so tiefe, so tiefe Heilung für Euch alle, für jeden, für alle Völker, für alle.

NACHT DER HEILUNG

EINWEIHUNG IN DIE SEELENKRAFT

Geliebte Menschenwesen,

Oronos ist gekommen, um mit Euch in dieser Nacht die Heilung zu erfahren, dass Ihr Eure Heilung manifestiert, überall in Euren Zellen, dass sich die große Heilung des Lichts manifestiert. Die Heilung des Lichts, dass Eure Zellen wieder zu Licht werden, und dass diese Energie von Leid, diese Energie von Trauer und diese Energie von Schuld von Euch gehen kann, denn Eure Seele kennt keine Schuld. Eure Seele kennt nur diesen göttlichen Augenblick. Oronos, ein Meister und Hüter des Quantenfeldes, kommt zu Euch in diesen Körper, mittlerweile die siebte Stunde, um wirklich die Dinge, die anstehen, zu verändern und zu tun. Auf dem Planeten Erde und vor allem in Euch, denn Ihr seid das Bewusstsein von Mutter Erde. Und was geschieht, wenn Ihr Mutter Erde, diesen Planeten der Kreativität, nicht mehr hört. Das ist die Situation, die zurzeit auf dem Planeten da ist. Und dass Ihr Mutter Erde wieder hört, dass Ihr Euch wieder hört, dass Ihr Eure Stimme wieder erhebt und diese Stimme hört, dafür ist Oronos gekommen in diesen Raum. Und das Einzige, was Ihr braucht, ist die Bereitschaft, Eure Bereitschaft, Eure Bereitschaft wirklich da zu sein. Präsent in diesem Raum zu sein, dann kann jegliche Heilung geschehen, körperliche Heilung, geistige Heilung. Alles kann geschehen, wenn Ihr Eure Bereitschaft lebt, wenn Ihr Eure Bereitschaft hier in die Kraft bringt. Das Quantenfeld ist mit allen Universen, mit allen Planeten verbunden. Und Oronos transportiert das ganze Quantenfeld in diesen Raum für Euch in dieser Nacht, dass Ihr wirklich Heilung erfahren könnt auf allen Ebenen ohne Angst. Die Bereitschaft bedeutet, wirklich ohne Angst zu sein und alle Zweifel und alle Ängste wirklich loszulassen. Denn Ihr habt schon so viele Inkarnationen in Zweifel und Ängsten gelebt, schon durch so viele Inkarnationen seid Ihr der Erinnerung, der Angst gefolgt und nicht der Liebe. Doch in dem Quantenfeld, das Oronos Euch in dieser Nacht transportiert, gibt es nur die Liebe. Es ist eine Erinnerung an Eure Seele, denn Eure Seele ist Liebe und Eure Seele kommt aus dem Quantenfeld. Und es kann sich und darf sich in dieser Nacht ganz viel Altes lösen, dafür habt Ihr Euch getroffen, dafür seid Ihr gekommen, dass sich wirklich die alte Energie erlöst in Euch. Diese Energie des Verrats, diese Energie der Vergeltung, diese Energie der Schuld, dass Ihr dies wirklich in diesem Leben erlöst, und dass Ihr endlich frei seid, denn das, was Euch täglich durch diese Medien, durch diese Medien vorgegaukelt wird, schreibt es auf – diese Medien. Was Euch täglich vorgegaukelt wird, durch diese Medien, will Euch immer in die Angst führen, doch nicht in die Liebe. Doch Eure Seele ist gekommen aus dem Quantenfeld, um diese Liebe auf dem Planeten zu verteilen ohne Krankheit, ohne Leid, ohne Schuld. Und es ist in diesem Raum so eine Schuld, die Oronos erlöst. Denn Eure Zellen kennen die Schuld, die Seele kennt keine Schuld. Und Eure Seele kennt auch nicht die Sünde, das gibt es nicht im Quantenfeld. Das wurde hier erschaffen auf Eurem Planeten Erde, um Euch wirklich klein zu halten, um Euch unten zu halten. Doch Ihr alle seid gekommen, dass Euch Oronos erhebt, dass Euch Oronos mit Eurer Seelenkraft verbindet, dass Euch Oronos wieder erhebt und all Eure Zellen durch Licht. Denn was in dieser Zeit wirklich Bestand hat, ist die Liebe. Was in dieser Zeit Bestand hat ist das Vertrauen. Und was in dieser Zeit Bestand hat ist die Klarheit in Eurem Leben. Die Klarheit. Und Eure Seele kommt nicht aus dem Quantenfeld, damit Euer Körper leidet, Eure Seele kommt aus dem Quantenfeld, damit Ihr wirklich gewahr werdet. Sie nimmt den Körper an, um in Liebe, um in Freude und um in Dankbarkeit auf dem Planeten der Kreativität zu leben. Und Oronos erhöht die Energie für Euch nochmals, damit Ihr wirklich wisst, warum Ihr gekommen seid auf diese Erde. Denn jede Seele bringt einen gewissen Seelenplan mit. Und damit Ihr wieder Kontakt bekommt zu Eurem Seelenplan, zu Eurer Seelenfähigkeit. Der Planet Erde ist wirklich der Planet der Kreativität und die Seele ist absolute Kreativität. Eure Seele ist absolute Freiheit. Doch so viele Menschen bleiben lieber in ihrer Angst, bleiben in ihrem Bewusstsein des Mangels und in dem Bewusstsein von Neid. Und Oronos stärkt in dieser Nacht Euer Immunsystem. Das ist sehr wichtig für die Klarheit und für die klaren Gedanken ist es sehr wichtig, dass Euer Immunsystem stark ist, dass Ihr selber erfahren könnt, was echt ist und was gelogen ist in Eurem Leben, in Eurem Umfeld. Dafür braucht es ein starkes Immunsystem und das wird Oronos in Euch in dieser Nacht manifestieren. Denn was auf dem Planeten Erde zurzeit geschieht, ist wirklich ein Zeichen, dass Ihr aufwachen sollt, dass Ihr wirklich bereit seid, die Liebe wieder anzuerkennen, Eure Liebe anzuerkennen zu Euch selbst und zu dem Planeten. Ihr seid nicht auf die Erde gekommen, um alles in Euch und auf dem Planeten zu zerstören. Ihr seid gekommen, um wirklich in Würde zu leben. In Würde und in Freude, in absoluter Freude. Und gebt Eure Traurigkeit ab. Und badet in diesem Licht, das Euch Oronos hier manifestiert. Und taucht ein in diese Stille, die Oronos mit aus dem Quantenfeld bringt. Denn aus dieser Stille wird Euer neues Leben geboren, aus dieser Stille wird wirklich eine neue Kraft manifestiert. Und in dieser Nacht geht es um Eure Versöhnung mit Eurer Seele, Euch wirklich zu versöhnen mit diesem göttlichen Geschenk. Denn Eure Seele ist so ein göttliches Geschenk. Eure Seele ist so tief und so wundervoll. Eure Seele ist wirklich das göttliche Geschenk in Eurem Körper, in Euch. Und in dieser Nacht dürft Ihr wirklich Euch versöhnen mit Eurem Körper, mit Eurer Seele, dafür stellen wir die Energie hier in diesem Raum bereit. Ihr habt so wundervolle Qualitäten, Ihr habt so ein reines Bewusstsein, wenn Ihr es zulassen könntet, dieses reine Bewusstsein auf der Erde zu leben und Euch nicht von diesen ganzen Geschichten ständig ablenken zu lassen. Um Euch herum diese ganzen Geschichten, die geschrieben werden, dass Ihr Euch wirklich nicht ablenken lasst länger von diesen Geschichten, sondern dass Ihr ganz in Euch versunken seid und aus diesem Frieden handelt. Aus dieser Lebendigkeit heraus und aus dieser inneren Bereitschaft zu handeln. Mutter Erde lebt schon so viele Millionen von Jahren, sie lebt schon so viele Zeit und sie altert nicht. Mutter Erde altert nicht. Sie ist immer gleich, immer gleich, weil sie versöhnt ist, weil dieser Planet versöhnt ist mit dem Universum. Doch, wenn Eure Seele mit Euch versöhnt ist, mit Eurem Körper, dann altert Ihr auch nicht mehr. Das ist absolut wichtig für Euch. Wenn Ihr versöhnt seid mit Eurem Körper, mit Eurer Seele, dann seid Ihr immer verjüngt. Immer. Und Euer Planet Erde ist der kreativste Planet mit allem, was da ist. Doch es gibt keinen anderen Planeten in allen Universen, der so viele Krankheiten bewusst kreiert. Keinen einzigen Planeten, wo so viele Krankheiten und so viele Zustände bewusst kreiert werden. Aber dies ist dazu geschaffen, um Euch abzulenken, um Euch wirklich abzulenken von Eurer Seele, um nicht in diese Kraft zu kommen, in Eure Seelenkraft zu kommen. Jeden Tag entstehen neue Krankheiten. Es gibt mehr Krankheiten als Menschen auf der Erde. Müsst Ihr Euch vorstellen, wie kreativ das genutzt wird, doch das ist nicht der Planet der Kreativität. Und Ihr könnt so kreativ mit Eurer Seele sein, denn Eure Seele ist reines Bewusstsein aus dem Quantenfeld. Und lasst Euch wirklich nicht mehr ablenken, von nichts mehr ablenken, sondern folgt wirklich Eurem Seelenweg, folgt dem Weg, Eurer Klarheit, folgt dem Weg Eures Bewusstseins, denn nur so kommt Ihr wirklich in die Lebensfreude. Nur so kommt Ihr in das Bewusstsein von Liebe, wenn Ihr Eurem Seelenweg folgt. Und nicht auf die ganzen Stimmen hört, das musst Du so machen, das musst Du so machen, sondern wirklich von Euch heraus die Kraft nutzt. Denn dann habt Ihr die Ausdehnung Eurer Seele, dann habt Ihr wirklich Eure Ausdehnung. Dann kann Euch niemand mehr von außen Angst einjagen. Niemand. Und das ist genau der Zustand. Wenn sich Eure Seele und Euer Körper versöhnt, kann Euch niemand mehr Angst einjagen. Und wenn Ihr diese Versöhnung wirklich lebt, dann gibt es diesen Frieden. Das ganze Quantenfeld ist voller Frieden und dann kommt der Frieden in Euch. So viel kann auf der Erde geschehen, weil die Menschen sich immer wieder ablenken lassen.

Immer wieder sich klein fühlen und klein machen. Doch Ihr habt Euch so viele Leben schon klein gemacht und in diesem Leben habt Ihr wirklich vor, Großes zu leben, nämlich Euch, Euch selbst ohne Kompromisse, wirklich Euch selbst. Und in dieser Nacht werdet Ihr den Juwel Eurer Seele erfahren. Und das ist die Liebe, die Oronos in Euch wieder aktiviert, und dass Eure Seele mit dem Körper verschmilzt, nicht nur heute. Nicht nur heute, immer. Immer. Nicht nur in dieser Nacht, sondern immer. Und Ihr seid auf diesem Planeten, um wirklich Liebe zu geben und Liebe zu nehmen, nicht nur zu geben und zu geben, sondern wirklich auch zu nehmen. Und damit füllt Euch Oronos in dieser Nacht, dass Ihr wirklich Liebe geben könnt und Liebe nehmt, annehmen könnt. Vertrauensvoll annehmen könnt, dass alles Spielen in Eurem Leben zusammenbricht, dass alles Spielen wirklich aufhört.

Genau diese Liebe braucht es jetzt auf dem Planeten. Von seinen Bewohnern an den Planeten Erde, an den Planeten der Kreativität. So wird Oronos jetzt nochmals die Energie für Euch bereitstellen und erfüllen, dass Ihr wirklich weich werdet, dass wirklich die Seele in den Körper ganz kommen kann, und dass Ihr Euch bewusst werdet, dass dieses Leben kein Spiel ist, dass dieses Leben wirklich alles umfasst und alles möglich ist. Denn, wenn die Seele in Eurem Körper wieder ganz Einzug hält, dann könnt Ihr nur noch die Freiheit leben, dann könnt Ihr nur noch Euch leben mit dem, was Ihr seid – göttlich. Und dann braucht Ihr Euch nicht mehr klein zu halten. Und Mutter Erde spiegelt Euch wirklich, dass es so auf dem Planeten nicht mehr weitergehen kann, dass Ihr so mit dem Planeten nicht mehr umgehen könnt. Doch wenn die Seele wirklich mit dem Körper verschmilzt, dann seid Ihr immer in dem göttlichen Schutz und Eure Seele jubelt, dass Ihr gekommen seid, um diese Kraft der Heilung wirklich zu erfahren. Und glaubt nicht an die ganzen Erreger, die Euch vorgegaukelt werden, dass sie leben. Glaubt nicht an dieses System und vertraut nur noch Eurem inneren göttlichen Bewusstsein. Und das wird in dieser Nacht Euch bewusst werden, Euer göttliches Bewusstsein. Denn, wenn sich das Quantenfeld offenbart, dann ist es nur noch Bewusstsein und wenn es heißer und heißer in diesem Raum wird, so dringt wirklich das ganze Bewusstsein der Liebe wieder in Euch ein, denn diese intelligente Liebesschwingung wird in jeder Zelle Eures Körpers wieder verankert. Und bleibt mit Euren Gedanken in diesem Frieden und wisst, der sicherste Ort ist immer in Euch. Es gibt keinen sichereren Ort im Außen wie in Euch selbst drin. Egal wie schnell man fährt. Oronos bewegt Eure Heilung. Und es geht nichts, um nichts anderes bei einer Krankheit, als dass Seele und Körper wieder miteinander verschmelzen wollen. Lasst den ganzen Schleim raus, dass Ihr wirklich weich werdet. Denn bei jeder Krankheit geht es wirklich darum, dass Körper und Seele wieder verschmelzen wollen. Und die Seele sucht sich keine einzige Krankheit aus, das ist allein der Körper. Die Seele sucht sich keine einzige Krankheit von den über fünf und sieben Milliarden Krankheiten aus. Das ist sehr wichtig für Euer Bewusstsein. Und lasst Euch wirklich jetzt von der Liebe tragen, nicht mehr von der Vergangenheit. Und genau das ist die Stille, wo sich Seele und Körper treffen, wenn wirklich alle Einflüsse stillstehen. Und Ihr nur noch diesen göttlichen Augenblick wahrnehmt in Euch. Und Oronos gibt jedem von Euch die Impulse für sein weiteres neues Leben. Dies geschieht, weil Ihr da seid. Und friert Eure Gefühle nicht mehr ein. Auch dies lässt die Seele nicht im Körper sein, die ganzen eingefrorenen Gefühle. Und Ihr seid alle auf so einem wundervollen Weg in Euch selbst hinein. Und wenn Mutter Erde immer so still wäre wie in diesem Augenblick, was könntet Ihr alles wirklich bewirken. Ihr könntet materialisieren, alles könntet Ihr, wenn Ihr wirklich in dieser Stille verweilt. Und wenn Ihr wirklich in dieser Nacht, diesem Juwel, Eurer Seele, der Liebe begegnen wollt, dann lasst Eure Herzen offen und löst alle Zweifel auf, die Ihr zu Euch selbst habt, alle selbst. Alle Selbstzweifel können wirklich gehen. Und Ihr braucht nicht zu glauben, dass Ihr es nicht wert seid, diesem Juwel zu begegnen in Euch. Das ist Euer Geburtsrecht. Und es geschieht so viel Heilung in Euch in dieser Nacht. Oronos und sein Volk sieht alles von Euch und weiß alles. Und mit allem, was wichtig ist, wird gearbeitet. Egal, ob Oronos hier sitzt oder steht oder durch den Raum fliegt. Das spielt in dieser Dimension keine Rolle mehr. Und wenn Ihr diesem Juwel begegnet, seid Ihr wirklich nur noch Liebe, wie das Quantenfeld intelligente Liebesschwingung ist. Doch gebt diese Widerstände ab, die Ihr noch habt in Euren Zellen, dass Ihr es nicht wert seid, wirklich in dieses Feld wieder zurückzukehren. Und Oronos stärkt nochmal Euer Immunsystem, damit Ihr wirklich kraftvoll durch das Leben gehen könnt und den Juwel der Seele in Euch tragt. Und Eure Gedanken lassen es oft nicht zu, dass Ihr diesen Juwel wirklich erfahrt, diesen Seelenjuwel so wie jetzt, dass so viele Gedanken da sind in Euch. Doch die Energie wird stärker und stärker für Euch, dass wirklich jeder Gedanke in dieser Energie verbrennt. Denn die meisten Krankheiten werden erschafft durch die Gedanken und durch die Angst. Und diese Angst holt Oronos in dieser Nacht bei Euch allen wirklich raus. Egal wo Ihr sitzt, egal wo Ihr seid in diesem Raum. Denn es geht nur darum, dass Ihr wirklich diese Heilung erfahrt. Und je tiefer Ihr der Seele begegnet in dieser Nacht, umso mehr Heilung ist möglich. Und alle Eure Zellen tanken so auf, nutzen das Licht, um wirklich Euch zu tragen. Um die Seele in sich zu tragen, tanken die Zellen alle so auf, denn das ist wichtig für die kommende Zeit, dass Eure Zellen voller Licht sind, überall voller Licht sind. Euer

Verstand will, dass Oronos ständig redet und redet. Das kann er Euch nicht erfüllen, denn Oronos geht nicht auf die Bedürfnisse Eures Verstandes ein. Oronos geht auf die Kraft Eurer Seele ein. Und deshalb wird es jetzt immer wärmer in diesem Raum. Noch wärmer. Für die Kraft, dass Ihr wirklich dem Juwel Eurer Seele begegnet in dieser Nacht. Im Körper die Seelenjuwelen spüren, nicht irgendwo anders. Denn bei zu viel Gemütlichkeit könnt Ihr das gar nicht erfahren, Euer Seelenjuwel. Und Ihr habt wirklich in dieser Nacht diese Möglichkeit, diese Chance, eins zu werden, zu verschmelzen mit der Kraft Eurer Seele. Und Oronos sagt dies so oft, dass es wirklich jede Zelle mitkriegt in Eurem Körper, dass es jede Zelle hier im Raum mitbekommt, damit diese Kraft durch den gesamten Raum fließen kann. Und das ist wirklich das Licht und die Stille Eurer Seele. Und das ist so ein gutes Gefühl, zu Euch zu sprechen und so wenig Gedanken zu hören. Die Gedanken halten Euch ganz schön wach. Wenn keine Gedanken da sind, dann kommt Müdigkeit.

NACHT DER HEILUNG, TEIL II

EINWEIHUNG IN DIE SEELENKRAFT

Geliebte Menschenwesen,

in dieser Nacht geschieht Großartiges für Euch und Eure Familien. Denn, wenn Ihr diesen Juwel Eurer Seele wieder erfahrt, könnt Ihr Eure Familien nur noch lieben. Dann seid Ihr in ständiger Liebe, in einem ständigen Bewusstsein von Liebe. Und was gibt es Schöneres als das auf dem Planeten Erde? Jedes Lebewesen, jedes Menschenwesen, jedes Tierwesen, jedes Pflanzenwesen ist wichtig für den Planeten, denn Ihr tragt den Puls der Erde in Euch. Und wenn die Seele in dem Körper schwingt, schwingt der Puls des Kosmos und der Erde zusammen. Und das bringt Euch wirklich zum Leuchten. Eure Seele, Euer Körper sind so am Leuchten in dieser Nacht. Alles leuchtet, jede Zelle leuchtet in Euch. Und das Wichtige ist, dies Euch zu bewahren, dass Ihr weiter in dieser Kraft leuchtet, dass Ihr weiter in diesem Feld der Liebe leuchtet und die Liebe verbreitet. Denn dann habt Ihr wirklich den göttlichen Schutz. Alle Religionen sind aus den Traditionen aufgebaut, aus dem Verstand. Doch die Seele ist keine Tradition und die Seele ist kein Konstrukt des Verstandes. Und keine Religion will wirklich, dass die Seele Heil erfindet, da müssen schon andere

Kräfte auf die Erde kommen. Und immer noch wollen so viele Seelen auf diesen Planeten der Kreativität. Immer noch haben so viele Seelen die Kraft gespürt, Ihre Kreativität auf dem Planeten zu manifestieren. Und sie kommen nicht, um diesen Planeten zu zerstören, das machen die Traditionen, die Religionen. Und keine Religion kann Euch mit der Seele verbinden. Doch was in dieser Nacht geschieht, ist wirklich das pure Energiefeld der Liebe, es wird Euch bereitgestellt. Und mit dieser Seelenkraft, die Euch jetzt zuteilwird, hören wirklich die Gedanken immer mehr auf und Ihr kommt endlich in diese Ruhe. Und das ist die größte Heilung, wenn die Gedanken ruhig sind, dann sind keine Widerstände mehr da und dann kann die Heilung sich manifestieren. Und Oronos wird in jedem von Euch in dieser Nacht die Heilung manifestieren und einleiten. Und wenn die Seelenkraft ganz in Euch reinkommt, dann geht das gesamte Wollen aus Euren Zellen und dann könnt Ihr Euch auch von nichts mehr, absolut von nichts mehr, von keinem Zweifel, von keinem Neid mehr ablenken lassen. Und nehmt wirklich das ganze Licht auf für Euch aus dem Quantenfeld. Das ist in dieser Nacht die größte Heilung. Und Ihr dürft wirklich die Energie aushalten und in Euch entfalten, in Eurem Körper. Jesus sagte immer, wenn Oronos ihn so aufgepumpt hat: „Es reicht". Doch Oronos hat nicht aufgehört. Denn Oronos hat Jesus wirklich 21 Jahre begleitet. Und dann war es an der

Zeit, dass er seinen Auftrag auf der Erde verwirklicht. Damals ging das Materialisieren und auch das Teleportieren noch viel einfacher. Oronos konnte sich materialisieren und konnte mit Jesus sein und ihn lehren. Doch durch die ganze Dichte und durch diesen ganzen Gedankenschrott und durch die Ängste geht es in dieser Zeit nicht mehr so wie damals. Und an diesem Platz im Himalaya ist ein Jesus-Tempel immer noch, den wird Euch Oronos in einiger Zeit zeigen. Und Jesus hat es wirklich geschafft, so viele Millionen von Menschen zu erreichen in seinem Leben und hat sie genau so in Ihre Seelenkraft gebracht. Und jetzt ist es wieder an der Zeit, wirklich die Menschen in die Seelenkraft zu bringen, damit es dem Planeten der Kreativität wirklich wieder besser geht, dass er sich wieder mit Euch fühlt und nicht, dass Ihr so dagegen arbeitet. Und Jesus wollte immer alles wirklich durch seinen Körper erfahren. Und er ist ein wundervoller Meister geworden. Und Ihr dürft wirklich ohne Kreuzigung zu Gott kommen. Mit der Kreuzigung hat die Kreativität der Krankheiten angefangen. Doch Ihr seid schon bei Oronos, ohne gekreuzigt worden zu sein. Das ist ein sehr großes Geschenk von Eurer Seele für Euren Körper. Und während Oronos zu Euch spricht, ist Jesus in diesen Raum gekommen, um Euch mit in diese Lichtquelle einzuhüllen. Und es geht immer wieder um das Zulassen, immer wieder um das Einlassen. Egal, es geht immer wirklich um das Einlassen auf Euer

Leben. Sonst schwimmt Ihr immer weg und weg und haut immer ab mit der Seele, wenn's eng wird. Doch mit diesem Einlassen auf die Situation Eures Lebens, auf diese Kraft, auf diesen Juwel, der in dieser Nacht leuchtet für Euch und in Eurem ganzen Leben weiter leuchten wird, ist es sehr wichtig, dass Ihr Euch wirklich auf das neue Leben einlasst, ohne Angst. Wirklich ein Leben ohne Angst und ohne Vergangenheit. Denn das, was die Angst mitbringt, ist immer die Vergangenheit. Was die Angst in Euch mitbringt ist die Vergangenheit. Und Ihr sitzt hier. Die Seele kennt sowieso keine Vergangenheit. In der Seele bleibt nichts haften von dieser Erde. Doch Euer Verstand, der kämpft und kämpft und kämpft immer mit dieser Vergangenheit, mit dem Unerlösten. Und Ihr dürft Euch wirklich entscheiden für das Leben danach. Und Oronos erhöht nochmals die Energie für Euch, dass Ihr präsent und wach bleibt, auch wenn Ihr schon gewohnt seid, es Euch zu dieser späten Stunde gemütlich zu machen. So gibt Euch Oronos jetzt nochmal die Wachheitspräsenz. Und in dieser Zeit geht es wirklich nicht mehr um das Mein und Dein, es geht um das Wir, um die Frequenz von göttlicher Gemeinschaft. Was wirklich Euch Eure Zellen vorleben, wenn die Seele im Körper ist, dann ist die göttliche Gemeinschaft da. Und Ihr könnt nicht mehr so tun, als würdet Ihr gar nicht leben. Das geht nicht mehr. Wenn der Juwel wirklich so stark leuchtet in Euch, dann könnt Ihr nur noch mit dieser Frequenz leben und nicht denken, ich leb' doch gar nicht mehr. Und Oronos manifestiert dies wirklich in dieser Nacht für Euch, damit sich etwas Großes auf Mutter Erde verändert. Denn er macht dies auch gleichzeitig für viele Völker auf dem Planeten Erde. Und der ganze Nebel in Euren Zellen, der geht weg. Der ganze Nebel, die ganzen Ängste, die die Zellen vernebeln, gehen alle raus und die Schmerzen gehen in Eurem Körper. Die Schmerzen gehen raus. Und prüft wirklich jede Information, die Ihr bekommt, wenn Ihr es wirklich noch über die Medien bekommt. Prüft alles mit Eurem Herzen. Denn, wenn Ihr wirklich erwacht, wenn Euer Herz wieder in Eurem Körper wirklich schlägt, mit dem Licht schlägt, dann könnt Ihr so vieles mehr durchschauen. Und das geschieht, wenn der Juwel in dieser Nacht wirklich in Euch wieder zum Leuchten gebracht wird, Euer Seelenjuwel, der Euch so abhandengekommen ist durch die ganzen Ängste und Erlebnisse. Doch das ist wirklich Vergangenheit. Und Euer Immunsystem ist so gestärkt, so frei von dem ganzen Ballast der Vergangenheit. Und feiert das Fest der Liebe, feiert das Fest Eures Lebens in jedem Atemzug, denn dann könnt Ihr wirklich bewusst in Eurem Körper sein. Mein Volk sagt, es reicht für Euch, denn Ihr seid so aufgeladen mit dem wundervollen Licht, Eure Seele aus dem Quantenfeld. Und es wird sich so viel jetzt in Eurem Leben manifestieren und so viel erlösen. Oronos sendet Euch den

Rosenduft als Zeichen der Dankbarkeit, dass Ihr wirklich den Weg geht Eurer Seele und den Weg der Liebe. Oronos liebt Euch, ob Ihr es wollt oder nicht.

KRAFT DER FÜLLE

Geliebte Menschenwesen,

Oronos ist gekommen, um mit Euch die Fülle Eures Lebens zu tanzen, um mit Euch die Fülle Eures Lebens zu befreien. Oronos ist ein Meister und Wächter des Quantenfeldes, und wenn Oronos in Eure Augen schaut, dann schaut Ihr direkt in das Quantenfeld. Und während Ihr dem Quantenfeld begegnet, werden dreihunderttausend Leben erlöst und gereinigt. So wollen wir in dieser Nacht gemeinsam die Fülle des Quantenfeldes auf dem Planten Erde wieder manifestieren. Denn das Quantenfeld ist Fülle, pure Fülle. In dem Quantenfeld gibt es kein Mangel. Mangel an Liebe, Mangel an Freude entsteht durch Eure Nicht-Kommunikation. Wenn Ihr nicht in der Fülle kommuniziert, dann seid Ihr abgeschnitten und dann seid Ihr im Mangel. Das ist erst mal das Wichtigste, dass Ihr aus der Fülle kommuniziert. In der Kommunikation der Fülle ist das Allerwichtigste, immer die Liebe fließen zu lassen. Mit jedem Wort und mit jedem Gedanken, die Liebe fließen zu lassen. Wenn die Liebe die Fülle ist, könnt Ihr die Liebe immer in Euch erschaffen und die Situationen, in die sich die Gesellschaften gebracht haben, in die sich die Menschen gebracht haben, sind, weil diese Liebe überall hinausgegangen ist und die Gier und der Mangel sich eingestellt haben, aus Angst, aus Neid und aus Arroganz. Arroganz tötet immer die Fülle, Arroganz tötet alles. Doch Liebe lässt Euer Leben im Überfluss zu, in allem. Und die Fülle, diese Herzensfülle, kennt keine Bewertungen. Keine Bewertungen. Und jede Bewertung kommt aus dem Verstand Eures Körpers, jede Bewertung führt Euch in den Mangel. Und während Oronos hier sitzt, hört er Eure Gedanken. Oronos nimmt alles von Euch wahr. Alles. Für Euren Verstand bedeutet Fülle gleich Wohlstand und Geld. Doch was mit dem Geld geschieht, wenn die Liebe rausgeht, das erfahrt Ihr gerade auf Eurem Planeten. Und deshalb ist die Fülle in allem zu sehen, in der Liebe, in der Gelassenheit und vor allem in Euren Worten und in Euren Gedanken. Alles wirklich zu kommunizieren. Denn, wenn Ihr nichts kommuniziert, dann könnt Ihr auch die Fülle nicht leben. Die Fülle der Liebe, dann könnt Ihr die Fülle gar nicht ausbreiten, dann könnt Ihr die Fülle nicht erfahren, deshalb sind so viele Menschenwesen im Mangel, weil sie nicht kommunizieren mit sich und mit uns und mit den Menschen, mit den Tieren, mit den Pflanzen. Und wenn diese Fülle der Liebe, der Gelassenheit und die Fülle der Freude nicht mehr da sind, dann entsteht Druck. Dann entsteht ein Mangel, und durch den Mangel entsteht Angst. Und Angst macht Euch manipulierbar und lenkbar. Genau das, was jetzt auf Eurem Planeten Erde geschieht. So viele Menschen sind in Angst und in Aufruhr. Doch das könnt Ihr alle durchbrechen, das könnt Ihr alle wirklich durchbrechen durch diese Fülle Eures Herzens, nicht mehr die Fülle Eures Verstandes. Denn die ganzen Börsen, alles, alle Spiele werden durch den Verstand aufgebaut. Wenn alle Menschenwesen Ihr Herz wieder geöffnet haben und Ihre Fülle aus dem Herzen leben, dann ist alles vorbei, und an diesem Wendepunkt steht Ihr Menschenwesen. Und Eure Seele kommt aus dem Quantenfeld, Eure Seele ist reines Bewusstsein, Eure Seele ist reine Fülle. Und diese Fülle der Liebe gilt es wirklich wieder in Eurem Leben zu verankern – jetzt. Denn jetzt ist ein Zeichen des Umkehrens, jetzt ist ein Zeichen, dass viele Menschen erwachen, dass viele Menschen aufwachen, weil sie bemerken, was sie leben. Und weil viele Völker jetzt bemerken, dass die Regierungen überhaupt nicht interessiert sind an dem, was das Volk will. Und es geht jetzt wirklich um einen Erwachensprozess für viele Völker auf dem Planeten Erde. In den vergangenen Tagen öffnete Oronos den 12-jährigen Zyklus der Offenbarung. Und alles ist seit dieser Zeit noch viel schneller und noch viel intensiver, dass alles vielmehr sichtbar wird. Und dass Ihr sichtbar werdet, dass Ihr aufhört, Euch weiter belügen zu lassen von Eurem Verstand. Denn Fülle, diese grenzenlose Fülle Eures Herzens, Eurer Seele, ist jenseits des Verstandes, ist jenseits von dem, was Ihr Euch darunter vorstellt. Wenn die Fülle der Liebe da ist und wieder die Fülle der

Kreativität, denn Ihr seid auf dem Planeten der Kreativität, dann entsteht ein ganz neues Feld in Eurem Leben. Und lasst vor allem Eure Zweifel, denn Zweifel bringen Euch immer in den Mangel, denn Zweifel kommen aus dem Mangel. Oronos baut für Euch diese Kraftwände der Liebe wieder auf und erhöht jetzt noch mal hier im Raum diese Energie der Liebe, dass Ihr noch viel mehr ja sagen könnt zu Euch, dass Ihr noch viel mehr ja sagen könnt zu dem, was in diesen Tagen hier mit Euch geschehen wird und jetzt schon geschieht. Denn Ihr braucht keine Angst zu haben vor der Fülle, denn Fülle ist immer eine Entwicklung. Und spürt, wie freier Ihr werdet von Eurer Trauer und von Eurer Vergangenheit. Denn die unterdrückte Trauer, die nicht gelebte Trauer, lässt auch keine Fülle zu in Eurem Leben. Und diese Begegnung mit Oronos lässt nichts mehr so wie es war in Eurem Leben. Alles kommt in die göttliche Ordnung, in diese göttliche Fülle. Denn das Quantenfeld ist göttliche Ordnung. Und wann immer Oronos in diesen wundervollen Körper kommt, bringt er das gesamte Quantenfeld mit, damit Ihr ganz frei werdet, damit Ihr Euch nicht mehr in der Vergangenheit so wohl fühlt. Denn die Fülle, diese göttliche Fülle zu leben, diese göttliche Fülle zu erfahren, ist das größte Geschenk auch von Eurer Seele in Eurem Leben. Und oft schmeißt Ihr Eurer Leben einfach so weg, durch Eure Gedanken und durch die Selbstverurteilung, schmeißt Ihr Euer Leben einfach so weg. Und so lange Ihr irgendetwas braucht in Eurem Leben, entsteht immer ein Feld des Mangels. Und aus dem Mangel entstehen die Süchte. Aus der Freude und aus der Liebe entstehen keine Süchte, nur aus dem Mangel und aus dem Schmerz. Und wenn Ihr Euren Lebensschmerz endlich loslasst, dann habt Ihr es wirklich geschafft, Euch selbst zu begegnen. Und Oronos nimmt Euch erst mal Eure ganzen Ängste. Dafür erhöht er nochmals die Energie für Euch, dass Ihr weich werdet, dass Eure Knochen weich werden, weicher als weich, dass Ihr wirklich wieder in der Liebe steht, dass Ihr wieder in Freude seid. Und dass die ganze angstgeladene Geldenergie wieder in die Liebe geht, denn die Ängste machen immer eine Mauer zwischen Euch und Eurem Herzen und zwischen Euch und dem Leben. Deshalb löst Oronos erst mal diese Ängste, dass Ihr alle bereit seid, überhaupt diese Fülle der Liebe anzunehmen. Und dass Ihr endlich aufhört, irgendjemanden schuldig zu machen für Euer Lebensdesaster, für Euer Leben, in dem Ihr gerade steckt. Hört auf, irgendjemanden dafür verantwortlich zu machen, denn das bringt Euch auch nicht in die Fülle. Denn Eure Seele gibt Euch so viele Möglichkeiten, Euer Herz zu entfalten mit dem Verstand. Doch Eure Seele und Euer Herz haben Euch in diesen Raum gebracht, sonst wärt Ihr jetzt nicht da. Eine Verabredung zwischen Oronos und Eurer Seele und Eurem Herzen, die jetzt stattfindet. Doch macht niemanden verantwortlich für Euer Leben, denn das ist auch der Grund, warum so viele Menschenwesen im Mangel leben, weil sie die Verantwortung immer auf Andere schieben und ihr Leben gar nicht selbst in die Hand nehmen, selbst in die Verantwortung gehen. Ihr wisst, wenn der Körper weich wird, das bringt ganz viel Schleim raus, damit Euch wirklich bewusst wird, welchen Weg Eures Lebens Ihr gehen wollt, den Eurer Seele und des Herzens – das ist die Fülle – oder den Weg Eures Verstandes – das ist die Vergangenheit und das ist immer das Brauchen. Das ist sehr wichtig für Euch. Denn das, was in den nächsten Tagen mit Euch geschieht hier in dieser Kraft mit Oronos, ist jenseits von dem, was Ihr Euch vorstellt. Und der ganze Mangel wird vom Verstand gesteuert und die Fülle vom Herzen. Und Ihr werdet viele Offenbarungen erfahren in dieser Zeit. Und deshalb bricht dieses ganze System jetzt in so vielen Ländern zusammen, weil das Monopoly-Spiel nicht mehr aufgeht. Und davon sind auch diese ganzen Institutionen betroffen. Dass wirklich aus der Liebe heraus die Dinge jetzt mehr und mehr geschehen und alles Andere sich erlöst. Das ist die göttliche Ordnung, dass sich die Dinge erlösen. Und Oronos gibt Euch damit eine Hilfestellung, Oronos möchte Euch keine Angst machen, denn er liebt alle Menschenwesen. Und lasst wirklich Eure Ängste los, dass Ihr nicht mehr immer die Vergangenheit einladet, denn mit den Ängsten ladet Ihr immer die Vergangenheit ein, wieder in Eurem Leben zu pulsieren. Und es geht nicht mehr darum, irgendwas runterzuschlucken, es geht nicht mehr darum, sich in irgendeine Sucht zu flüchten, sondern es geht jetzt darum, den Dingen ins Auge zu schauen und wirklich zu handeln mit Liebe und mit Gelassenheit, mit Freude. Und Oronos und sein Volk arbeiten mit Euren Zellen, mit Eurem Körper, dass Ihr wirklich weich werdet. Und geht immer wieder in die Stille, denn aus dieser Stille ist alles geboren. Und dieses erste, wichtigste Prinzip, niemanden verantwortlich machen für Euer Leben, außer Euch selbst, ist die Grundlage, damit wirklich die Fülle auf allen Ebenen kommen kann. So viele Ängste hat Oronos und sein Volk bei Euch erlöst, dass Ihr wirklich diese ganze Fülle des Quantenfeldes, dass Ihr die ganze Fülle Eurer Seele wirklich annehmen könnt. Denn das ist auch das zweite Prinzip, das Annehmen. Annehmen können. Alles annehmen können. Vor allem Euren Körper annehmen können, damit Eure Seele sich getragen fühlt in Eurem Körper. Denn, wenn das Getragen sein da ist, ist auch die Fülle da auf allen Ebenen. Und diese Fülle ist sehr vielschichtig und es ist ein Einweihungsweg, eine Energie, um wirklich die Fülle auf dem Planeten in allen Ebenen als Geschenk anzunehmen. Und Ihr werdet auch in dieser Nacht, wenn Ihr schlaft, immer weiter mit dieser Kraft der Liebe ausgeglichen. Und denkt immer daran, macht niemanden verantwortlich für Euer Leben, für Euer Handeln und nehmt die Zukunft und das neue Leben an. Oronos liebt Euch immer, immer und für immer.

DIE PRINZIPIEN DER FÜLLE

Geliebte Menschenwesen,

Oronos ist gekommen, um mit Euch weiter die Fülle des Quantenfeldes in jeder Zelle Eures Körpers zu manifestieren, dass Ihr keine Ängste mehr habt vor Euch selbst, dass Ihr Euch wirklich immer in diesem Prozess der Liebe begegnen könnt, dass Ihr Euch immer mit Freude und mit Würde in Eurem Leben begegnen könnt. In allem was Ihr tut, lebt die Freude und die Würde zu jedem Lebewesen. So wurde in dieser Nacht viel mit Euren Knochen gearbeitet, viel mit Eurem Körper gearbeitet, dass er wirklich weich wird, dass er ganz weich wird, damit Eure Seele wieder in dem Körper sein kann. Damit jede Zelle auch die Fülle der Seele erfährt. Denn finanzielle Fülle, finanzielle Freiheit basiert auf einem ganz anderen Spektrum als im Verstand. Und deshalb gibt Euch Oronos diese Prinzipien, damit Ihr wirklich diesen Einweihungsweg in die wirkliche Fülle Eures gesamten Lebens erfahren könnt, nicht nur auf einen Bereich. Wenn die Menschen immer über die Fülle reden, dann reden sie über die Fülle des Verstandes, über das Geld, sonst existiert keine Fülle für die Menschen. Doch die Basis ist eine ganz andere Fülle. Die Fülle der Liebe, die Fülle der Gelassenheit und die Fülle, wirklich die Freude in Eurem Leben wieder einzuladen.

Die Freude und das Feiern des Lebensfestes in jedem Atemzug. Und mit den Gedanken, mit dem Verstand zieht Ihr immer den Mangel an. Denn das Verurteilen, das Beurteilen ist immer aus dem Mangel heraus. Und Oronos hat Euch berührt, dass sich diese grenzenlose Fülle des Quantenfeldes, die Oronos mit in diesen Raum bringt, wieder in jeder Zelle verteilt und dass Ihr Euch wieder auf dem Planeten Erde in Würde und in Gelassenheit das Leben feiert. Doch durch diese ganzen Ablenkungsmanöver wird Euch gar nicht mehr bewusst, wie einzigartig Euer Leben ist, wie wichtig Euer Leben ist, in welcher Schönheit Euer Leben, welchen Reichtum Eure Seele Euch schon manifestiert hat. Welchen Reichtum Eure Seele Euch schon geschenkt hat. Dass Euch das immer mehr bewusst wird, dass Euch die Seele aus dem Quantenfeld Euch dieses Leben geschenkt hat. Das ist schon ein so großes Feld, dass Euer Verstand gar nicht bewusst erfahren kann, dass Eure Seele diesen Körper erschaffen hat, um wirklich mit dem Körper auf dem Planeten Erde zu wachsen und dass der Körper die ganze Fülle, die ganze Fülle der Seele wiederfährt. Und das dritte Prinzip ist keine Trennung zwischen Körper und Seele. Keine Trennung. Keine Trennung zwischen Körper und Seele. Denn Trennung bedeutet immer Mangel, Trennung bedeutet Unfreiheit. Doch die Gemeinsamkeit zwischen Körper und Seele ist so wichtig für die Fülle. Wirklich diese Verbindung. Wenn Ihr in der Verbindung seid mit Körper und Seele, dann ist so ein großartiges Werk vollbracht. Doch das ist ein ganz wichtiges Prinzip für die Fülle in Eurem Leben, dass keine Trennung da ist, dass Ihr Euch nicht mehr abgetrennt fühlt von dem Planeten Erde, dass Ihr Euch nicht mehr abgetrennt fühlt von Eurer Seele und Eurem Körper, dass Ihr kein Heimweh mehr habt und denkt, Ihr könnt ja, woanders geht es Euch besser. Das ist ein falscher Weg, wirklich dieses Heimweh und zu sagen, dass es woanders ohne Körper viel besser ist. Damit habt Ihr die Trennung und damit könnt Ihr nicht wirklich auf allen Ebenen die Fülle manifestieren in Eurem Leben. Doch so viele Menschen auf dem spirituellen Weg haben immer so viel Heimweh nach dem und nach dem und nach dem Planeten. Doch wenn Ihr Euch wirklich entscheidet, und das ist ganz wichtig für die Fülle auf allen Ebenen, wirklich im Körper zu sein und die Seele durch den Körper tanzen lassen. Keine Trennung zwischen Körper und Seele. Keine Trennung. Und diese ganzen Horrorszenarien, diese ganzen Meldungen, die Ihr täglich hört oder lest, die machen eine Trennung, die lassen Euch nicht in diesem Kontakt sein. Und die Angst, die Angst macht natürlich auch eine Trennung. Und während Oronos zu Euch spricht, arbeitet sein Volk an Euch, dass Ihr wirklich diese Trennung loslassen könnt, dass Ihr wirklich Seele und Körper zusammen habt, dass Ihr wirklich die Seele in jeder Zelle spürt, dass Ihr Euch spürt. Denn, wenn die

Seele wieder in jeder Zelle Eures Körpers sich manifestiert, ist das so eine Lebensfülle. Und dann könnt Ihr wirklich nur noch das Leben, was Eure Seelen leben, wozu Eure Seele auf den Planeten Erde gekommen ist, das könnt Ihr dann wirklich leben. Und es geht hier in dieser Einheit nicht darum, sich irgendwas zu wünschen. Wünsche sind immer aus dem Mangel. Wünsche entstehen aus dem Mangel, dass die Seele nicht im Körper ist. Und Wünsche hören wir oder das Quantenfeld nicht, denn Wünsche haben keine Kraft. Die Seele hat keinen Wunsch. Die Seele hat keinen Wunsch. Deshalb hört auf zu wünschen, wünschen bringt Euch immer in die Vergangenheit. Wünschen ist immer aus dem Verstand. Denn mit diesem Wünschen verschwendet Ihr viel zu viel Zeit und seid noch viel frustrierter, wenn die Wünsche nicht in Erfüllung gehen. Und dann ist die Frustration da und sofort der Verstand. Mit Wünschen könnt Ihr gar nichts erreichen. Es geht wirklich um die Kraft Eurer Seele, um die Kraft Eures Körpers, diese zu vereinigen und keine Trennung. Und Oronos hat sich in diesen letzten Tagen angeschaut, wie das so mit dem Wünschen geschieht. Denn, wenn ein Wunsch aus dem Mangel entsteht, entsteht er aus der Vergangenheit, irgendwas mit was zu füllen. Euch wird so viel vorgegaukelt aus den Medien, Euch wird auch so viel Schönes vorgegaukelt und dann entstehen diese Wünsche. Wünsche sind immer auch aus diesem Haben-Wollen. Wünsche sind immer an Bedingungen geknüpft. Immer. Bedingungslose Wünsche gibt es nicht auf dem Planeten. Also hat dieses auch keine Kraft, weil das Quantenfeld ist bedingungslos. Das Quantenfeld ist absolut bedingungslos. Und wenn Ihr Euch einen schönen Mann wünscht, einen Indianer wünscht, eine Indianerin wünscht, so hat dies überhaupt keine Kraft, weil Ihr damit wieder an absolute Bedingungen geknüpft seid. Deshalb ist es wichtig, diese Prinzipien, die Oronos Euch in diese Einheit, in diesem Feld lehrt, wirklich auch zu verinnerlichen und damit zu arbeiten. Damit es Euch leichter geht, damit es Euch auf dem Planten Erde viel leichter geht und Ihr nicht mehr Euch so viele unsinnige Sachen wünscht. So geschieht es aus Eurer Kindheit, aus Eurer Energie, dass alle Menschen und alle Kinder gefragt werden, was wünschst du dir denn. Und da fängt der Mangel an, weil auch die Kinder von heute und die Jugendlichen, die macht nichts mehr glücklich, weil sie gar nicht mehr wissen, was Glück, was wirkliches Glück auf dem Planeten bedeutet, und weil Ihnen das auch niemand lehrt. Und diese Prinzipien, die Oronos Euch gibt, die werden auch an den Schulen wieder gelehrt. Denn das ist wichtig, dass die Kinder auch wieder davon erfahren, dass die Kinder sich wirklich wieder öffnen und sich die wirklichen Dinge manifestieren. So wie Ihr, wenn Ihr keine Trennung mehr erfahrt, wenn Ihr keine Trennung mehr lebt, dann könnt Ihr die Dinge viel leichter manifestieren, bedingungslos, ohne irgendeine Erwartung. Wunsch hat immer Erwartung. Und wenn diese Erwartung nicht erfüllt wird, kommt dann ein noch größerer Wunsch, kommt dann ein noch größeres Feld und irgendwann ist der Körper so frustriert. Doch wenn Ihr keine Trennung lebt, wenn Ihr wirklich keine Trennung lebt zwischen Seele und Körper, dann habt Ihr wirklich alle Möglichkeiten, Euer ganzes Leben zu manifestieren in Liebe, in Gelassenheit. Denn in Euren Ländern, wo für alle diese Fülle in allen Ebenen da ist, die gesamte Fülle auf allen Ebenen, haben es die Menschen nur durch den Verstand wieder vergessen, und aus diesem Wünschen heraus das Leben zu manifestieren, ist keine Meisterschaft. Meisterschaft ist wirklich aus der Bedingungslosigkeit und aus der göttlichen Akzeptanz, aus der göttlichen Ordnung heraus, die Fülle einzuladen auf allen Ebenen. Denn diese ganzen Wünsche machen Depressionen auf dem Planeten, machen in Euch Depressionen. Deshalb ist es so wichtig, dieses dritte Prinzip, die Trennung zwischen Seele und Körper komplett aufzugeben, denn die Wünsche machen auch eine Trennung. Die Wünsche machen auch eine Trennung.

Und das ist auch die Fülle der Seele, die sich auf dem Planeten Erde ausdrückt. Macht niemanden für Euer Leben verantwortlich, niemanden. Das bedeutet wirklich, immer in Eure Verantwortung zu gehen und auch in Eurer Verantwortung zum Leben zu bleiben.

Annehmen, Eure große Seele in diesem wundervollen Körper annehmen und die Fülle auf allen Ebenen der Liebe, der Gnade und der Freiheit annehmen, denn Fülle auf den Ebenen bringt immer auch eine Freiheit. Und dass Ihr wirklich bereit seid für diese Freiheit. Und keine Trennung zwischen der Seele und dem Körper, zwischen dem Innen und Außen, keine Trennung. Dass Ihr wirklich alles erfahrt in Liebe und in Lebendigkeit, dass sich die ganze Fülle Eures Lebens, die ganze Fülle Eurer Seele sich jetzt offenbaren kann und dazu gehören keine Wünsche. Denn Wünsche sind keine Offenbarung. Wünsche verschleiern die Offenbarung und Wünsche bringen einen aus dem Gleichgewicht. Und die Seele hat keine Wünsche. Die Seele kann nur Euch das Beste in Eurem Leben manifestieren, wenn Ihr es zulasst. Deshalb ist es so wichtig, diese Trennung aufzuheben, damit Ihr wirklich den ganzen Fluss in Eurem Leben erfahrt. Den ganzen Fluss Eurer Seele, in Eurem Leben erfahrt. Und die Angst macht manipulierbar, weil die Angst unfrei macht. Und wenn Ihr diese drei Prinzipien integriert in Eurem Leben, dann könnt Ihr Euch wirklich öffnen für die wirkliche Fülle Eurer Seele. Und dadurch, dass so viele Menschenwesen in Angst und in Armut leben, bedeutet dies ja schon, Angst macht mutlos und dann können viele Menschenwesen gar nicht ihre Seele hören und den Kontakt aufbauen. Und Armut bedeutet, den Mut nicht mehr zu haben wirklich die Seele und den

Körper zusammenzubringen. Den Mut nicht mehr zu haben, das Leben für sich neu zu gestalten. Doch diese Armut ist ja für alle gemacht und jeder kann sich entscheiden, in die Mutlosigkeit zu gehen oder den Mut, wirklich die Seele einzuladen und aus der Seele heraus zu handeln. Es ist Euch oft gar nicht bewusst, welche Wörter Ihr so benutzt auf dem Planeten Erde, welche Wörter Ihr einsetzt. Denn das ist die vierte Ebene, das vierte Prinzip, Mut, Euer Leben wirklich wieder selbst in die Hand zu nehmen. Mut zu haben, Euer Leben wieder in diesen Glanz Eurer Seele zu stellen. Es geht hier jetzt erst mal nicht um diese finanzielle Energie die kommt, wenn der Mut da ist, die kommt, wenn alle Prinzipien wirklich in Euch präsent sind. Wirklich den Mut zu haben, in was Neues zu gehen. Den Mut zu haben, etwas Neues zu manifestieren in Eurem Leben durch Eure Seele. Nicht vom Verstand. Der Verstand bringt Euch in diese Mutlosigkeit, doch das Herz bringt Euch in den absoluten Mut, damit Ihr wirklich aufsteht und Euer Leben mit der Seele in jedem Atemzug segnet. Wirklich Mut bedeutet aus der Kraft Eurer Seele zu handeln und zu wirken auf dem Planeten. Denn Eure Seele weiß ja, was wirklich das Beste ist in Eurem Leben, Mut, auch dieses Feld der Seele zu überlassen. Was jetzt nicht heißt, Ihr sollt jetzt morgen alle Euren Job kündigen, sondern es heißt, wirklich den Mut zu haben, mit in Kontakt zu sein mit Eurer Seele. Den Mut zu haben, dass die Seele die Energie Eures Lebens übernimmt, diese Liebesenergie Eurer Seele. Denn, wenn der Mut fehlt, ist Armut da. Und dass Ihr auch den Mut hattet, hier herzukommen, um wirklich Euch von diesen Gelübden, von diesen alten Strukturen Euch befreien zu lassen. Dann kann Eure Seele wirklich nur jubeln. Und deshalb bringen auch die ganzen Börsen und die ganzen Spekulationen die Menschen in die Armut. Das hat überhaupt nichts mit Mut zu tun. Das ist nur aus der Angst heraus gekommen, diese Börsen. Und die Banken sind nur aus einer Angst heraus entstanden. Und diese Angst holt sie jetzt alle wieder selber ein. Diese Angst wird dafür sorgen, dass alles in sich wieder zusammenbricht. Denn, wenn aus Angst was geboren wird, wie die ganzen Banken und Börsen aus Angst aufgebaut sind, wird die Angst auch selber wieder für die Transformation sorgen. Das ist die göttliche Ordnung. Und je lichter die Menschen werden mit Ihren Gedanken, je mehr Liebe fließt und je mehr Menschen dieses Feld des Mutes wieder leben in Ihrem Leben, umso schwieriger haben es die Banken und die Börsen. Und es geht darum, nichts mehr zu beschönigen. Es geht wirklich darum, die göttliche Ordnung in allem wieder zu manifestieren. In allem. Und deshalb verlieren so viele Menschenwesen im Moment den Mut, weil sie die Verantwortung abgegeben haben und alle möglichen Dinge, Gegenstände und Menschen für ihr Leben verantwortlich machen. Und in dieser Stille ist alle

Fülle vorhanden. Ihr dürft Euch immer wieder auch in diese Stille begeben und Mut schöpfen. Mut bedeutet, wirklich aus dieser Arroganz herauszugehen und wirklich das Leben als ein großartiges Geschenk Eurer Seele anzunehmen. Und Oronos erhöht jetzt noch mal hier für Euch die Energie, dass Ihr wirklich den ganzen Mut Eurer Seele spürt. Und dass Ihr Euch ganz einlasst auf dieses Leben und keine Trennung und keine Wünsche. Und wie Eure Seele jetzt jubelt, dass Ihr gekommen seid, um diese großen Einweihungen mitzubekommen in jeder Zelle Eures Körpers. Denn es geht in dieser Zeit auf Eurem Planeten Erde wirklich um so vieles. Und alles ist in dieser Phase der Veränderung, alles erneuert sich, alles kommt jetzt in diese Phase in die göttliche Ordnung. Und deshalb seid auch Ihr gekommen, damit sich Euer Leben wieder in diese göttliche Ordnung der Fülle einstellt. So viele Regierungen sind gar nicht daran interessiert, dass Ihr die Fülle lebt. Deshalb wird dieses Wissen auch gar nicht gelehrt. Das sind unsere Freunde aus New York. Sie wollen wissen, was Oronos gerade hier spricht. Wird noch ein bisschen heftiger, weil mein Volk dieses nicht zulässt. Dieses Klacken in den Boxen, das kommt, weil sich andere hier zuschalten wollen, um zu wissen, was Oronos zu Euch spricht. Und sie versuchen dies, damit sie auch weiterhin die Angst über der Menschheit halten können. Es ist gut, dass Ihr dies so miterlebt, was wirklich geschieht, wenn man Mut hat.

Mut. Und wenn Ihr in Verbindung seid, wenn Ihr wirklich in Verbindung seid mit Eurer Seele. Und dann habt Ihr auch den allergrößten Schutz, denn Eure Seele legt immer ein Schutz um Euch. Und wenn Eure Seele keinen Kontakt zu Euch hat, dann seid Ihr schutzlos und mutlos. Deshalb ist es so wichtig, dieses Prinzip Mut. Wirklich den Mut zu leben. Denn mit diesem Mut verändert sich alles und Euer Leben wird viel gelassener. Und diese Menschen aus New York werden sehr ärgerlich, wenn sie nicht wissen, was geschieht. Doch überlegt Euch dieses Ausmaß, dass so eine Gruppe mit Oronos schon so viel Aufmerksamkeit bekommt auf der Welt. Überlegt Euch dieses Ausmaß. Denn, wenn Oronos die Menschen in den Mut führt, dann sind sie nicht mehr abhängig, dann seid Ihr nicht mehr abhängig mit diesen Prinzipien, in die Oronos Euch in diesen Tagen einweiht und auf dem Planeten Erde wieder manifestiert, damit geht die gesamte Abhängigkeit in Eurem Leben. Und ohne Abhängigkeit seid Ihr absolut angstfrei. Und Ihr seht, an welchem wichtigen Auftrag Ihr teilhaben dürft. Euch wieder in den Mut und die Gelassenheit zu bringen und in die Verbindung zwischen Seele und Körper. Denn, wenn die Seele durch Euren Körper wirkt, habt ihr allen Mut zur Verfügung und lasst Euch nicht mehr ablenken. Ich bin ein Kind der Erde. Was für ein Fest und was für eine Liebe. Und das ist wirklich der Mut, für Euer Leben aufzustehen und Eure Seelenqualität wirklich zu leben.

Und wenn Ihr Eure Seelenqualität lebt, dann bleibt nichts mehr im Verborgenen. Nichts mehr. Und es ist so wichtig, dass Ihr noch Eure Widerstände loslasst. „Das geht doch nicht und das geht doch." Mit den ganzen Verpflichtungen, die Ihr in Eurem Leben eingegangen seid, wirklich die Widerstände loslassen. Das ist so wertvoll. Denn diese Prinzipien, die Oronos Euch gegeben hat, die bringen Euch ja in diese absolute Fülle in allem, wenn Ihr wirklich auch dazu bereit seid. Und wenn Ihr noch so viele Widerstände habt, dann kann ja auch die Seele gar nicht wirklich durch Euch wirken. Deshalb ist es so wichtig, diese Widerstände jetzt loszulassen und diese ganze Energie von „Ich muss doch und das geht doch nicht" und diese ganze Energie wirklich loslassen. Denn das, was Ihr hier mit Oronos erfahrt und hört, ist jenseits von dem, was Euer Verstand hört. Jenseits. Und das ist auch der Mut, wirklich das Neue zu erfahren, in das Neue zu springen, in Euer neues Leben mit der Seele. Die Dinge zu erfahren. Und Oronos lässt wirklich die Weichheit zu, nicht die Härte. Die Härte macht Armut und die Weichheit macht Mut. Deshalb wird Oronos Euch noch in den kommenden Einheiten sehr weich machen, damit Ihr wirklich bereit seid für diese tiefen Tage Eures Lebens. Denn in der Härte stecken Eure Widerstände und in der Weichheit steckt das Vertrauen. Und das Quantenfeld ist absolutes Vertrauen, das Quantenfeld ist reine, intelligente Liebesschwingung. Und

Oronos bringt die göttliche Ordnung in Eure Fülle wieder, in Euer Leben, mit dieser Einheit. Denn diese Prinzipien bringen diese göttliche Ordnung wieder hinein in Euer Leben, wenn Ihr es manifestieren wollt. Oronos initiiert dieses Wissen zum ersten Mal wieder auf dem Planeten Erde der Kreativität. Und dieses wird bahnbrechende Auswirkungen auf Euer Leben haben und für den gesamten Planeten. Und genau das ist das Feld, wenn der Mut da ist, dann wird der Verstand immer stiller und die Gedanken immer weniger. Dann habt Ihr wirklich diese Liebe zur Verfügung und die Gedanken werden immer immer weniger und leichter. Denn dann hören diese ganzen Widerstände auf und diese Zweifel und Ängste. Und dann geht es immer mehr um dieses Erwachen. Denn dieser Weg der Fülle ist ein Einweihungsweg Eurer Seele für Euren Körper. Und dieser Einweihungsweg ist der ehrlichste Weg und ein Weg ohne Widerstand. Und Oronos und sein Volk arbeiten mit jeder Zelle von Euch. In dieser Fülle ist alles integriert. So tanzt und feiert das Vertrauen. Und Oronos liebt Euch immer, ob Ihr es wollt oder nicht. Oronos liebt Eure Seele und liebt Euren Körper.

DIE PRINZIPIEN DER FÜLLE

TEIL II

Geliebte Menschenwesen,

Oronos ist gekommen, um Euch weiter in die Fülle einzuweihen, um Euch weiter in die Kraft der Liebe einzuweihen, um Euch Eure Seelenbestimmung noch viel mehr bekannt zu machen. Denn keine Trennung bedeutet wirklich, die Seele ist im Körper. Und das bringt den Mut in Euer Leben zurück, dass Ihr nicht mehr Armut lebt, sondern wirklich Mut, dass Ihr Euch wirklich aus diesem Prozess befreit und den Mut habt, Eure Seele in Eurem Leben sprechen zu lassen, dass Ihr wirklich die Präsenz habt und den Mut, Euch mit Eurer Kraft und Liebe der Seele auf dem Planeten Erde wirklich zu zeigen. Und dass Ihr Euch immer mehr mit diesem Respekt begegnet. Mut ist nicht Arroganz, Mut ist Respekt mit jedem Lebewesen und vor allem, mit Eurer Seele den Respekt zu manifestieren. Und es geht jetzt auf dem Planeten Erde wirklich um so viele Wege, die Ihr gehen könnt. Doch der Weg der Seele ist der Weg, der Euch wirklich am schnellsten auf dem Planeten Erde voranbringt. Und so viele Menschen gehen nicht den Weg der Seele, gehen den Weg des Verstandes, gehen den Weg des Zweifelns. Und deshalb ist gerade so ein Chaos auf dem Planeten. Doch zuerst muss das Chaos kommen, damit alles wieder in die göttliche Ordnung gelangt. Und Ihr seid so wundervolle Wesen, so wundervolle Seelen aus dem Quantenfeld geboren, um das Licht in Eurem Leben zu vervollkommnen. Und in dieser Einheit geht es um die Dankbarkeit für Euer Leben, um die Dankbarkeit, dass sich Eure Seele in Euch manifestiert. Das fünfte Prinzip der Fülle ist die Dankbarkeit. Dankbarkeit für das, was Ihr in der Vergangenheit erlebt habt, denn damit bringt Ihr am schnellsten Frieden in die Vergangenheit. Und Dankbarkeit für das, was da ist, dass immer mehr Eure Seele Einzug hält in Euren Körper. Und Dankbarkeit für diese Fülle, für diese Lebensfülle, die Euch zuteilwird. Denn ohne Dankbarkeit gibt es keine Fülle. Und aus dieser Dankbarkeit könnt Ihr ganz andere Entscheidungen treffen, aus dieser Dankbarkeit könnt Ihr ganz anders das Leben erfahren. Und aus dieser Dankbarkeit könnt Ihr handeln. Denn, wenn Ihr aus Zweifel handelt, wenn Ihr aus Druck handelt, dann entsteht immer ein Gegendruck. Doch wenn Ihr aus der Dankbarkeit heraus handelt, aus tiefer, tiefer Dankbarkeit, dass Ihr wieder verbunden seid mit Eurer Seele und mit der Liebe Eurer Seele, dann kommen die Entscheidungen aus dem Herzen, dann kommen die Entscheidungen nicht mehr aus dem Verstand. Und diese Dankbarkeit ist so wertvoll für die Fülle, denn Dankbarkeit bringt Euch immer zu Euch selbst. Zweifel und Ängste nicht. Doch Dankbarkeit über alles, dass Ihr dieses erfahren dürft, bringt Euch aus dem Glauben in das Vertrauen. Und Vertrauen lässt Euch wachsen. Glauben ist Zweifel, Glauben ist der Verstand. Doch Vertrauen ist die Möglichkeit, alles zu erfahren. Alles zu erfahren in Eurem Leben. Vertrauen ist der Weg. Und Glaube ist immer noch die Versuchung drinnen. Und diese Dankbarkeit über Euer Leben, über die Liebe, über die Liebe Eurer Seele, über dieses Wissen, das Ihr bekommt über die Fülle, macht Euch so was von innerlich reich. Von innerlich reich. Denkt nicht immer, die Fülle ist das Außen. Zuerst ist es so wichtig, dass die Fülle im Inneren da ist. Dass Eure Fülle im Inneren präsent ist. Das Eure Fülle im Inneren wieder da ist. Im Inneren, nicht im Äußeren. Und diese Dankbarkeit bringt das Vertrauen. Und mit dem Vertrauen kommen die Energien der Seele wieder in Eurem Leben zum Vorschein. Und wenn Oronos hier so nah bei Euch ist, dann spürt er alles von Euch und kann ganz viel Altes erlösen, was Euch wirklich immer wieder daran hindert, in dieser Dankbarkeit zu bleiben. Denn Dankbarkeit ist die Kraft der Liebe und die Kraft des Vertrauens. Und wenn die Kinder schon das Vertrauen verlieren, weil man Ihnen das gar nicht erst mitgibt. Denn die Seele kommt doch voller Vertrauen in den Körper, entwickelt sich in dem Körper, die Seele ist voller Vertrauen, Dankbarkeit in den Körper gekommen, um den Körper zu manifestieren. Oronos erhöht nochmals jetzt hier für Euch die Energie, dass Ihr wirklich mehr spürt, dass Ihr mehr in diese Frequenz des Quantenfeldes kommt und wirklich die Fülle in Dankbarkeit aufnehmt, die Euch hier aus dem Quantenfeld durch Oronos bereitgestellt wird. Noch dieses fünfte Prinzip der Dankbarkeit. Das bringt Euch wirklich weiter in die innere Fülle. Denn, wenn die innere Fülle nicht da ist, kann die äußere Fülle auch niemals da sein. Denn innen und außen, Seele und Körper, sind doch eins. Sind doch eins. Und deshalb nehmt diese Dankbarkeit an. So viele Menschen bekommen Geld durch irgendwelche Spiele. Doch nach einem Jahr sind sie noch ärmer als vorher, weil sie diese Prinzipien nicht gekannt haben und diese Dankbarkeit gefehlt hat. Du bekommst so und so viel, damit musst du das machen, das machen, das machen, das machen, kommt ganz viel Stress. Das machen, das machen und kein Wort des Dankes. So geht das Geld wieder, schneller als es kam. Und es geht auch dabei um die Dankbarkeit, dass die Menschenwesen wirklich innerlich auch bereit sind, für die Fülle im Außen ist das ganz wichtig. Und dafür spielt die Dankbarkeit eine sehr große Rolle. Eure Seele kann alles für Euch tausendfach manifestieren, wenn Ihr bereit seid, wenn Ihr die Bereitschaft habt, das Annehmen, Euer Annehmen. Und es geht um das gesamte Leben, nicht nur um irgendeinen Teil der Fülle, sondern es geht um das gesamte Leben, Euer gesamtes Leben der Fülle auszurichten, damit innen dieser Prozess des Lebens da ist. Doch Euch wird so oft dieses Leben im Außen vorgespielt und vorgelogen. Doch wenn Euer Inneres nicht gestärkt ist mit der inneren Fülle, dann ist das Außen auch nicht gestärkt. Und diese vielen Regierungen auf dem Planeten der Kreativität wollen gar nicht, dass Ihr innerlich gestärkt seid. Wollen nur, dass Ihr im Außen dieses Leben erfahrt. Doch nicht im Innen. Und so viele Menschenwesen glauben dem Außen viel mehr als dem Inneren, glauben nur das, was sie sehen. Glauben nicht an uns, an Oronos und an die ganze Energie. Glauben nur an diese täglichen Informationen, die sie lesen. Und da bekommt das Außen nur Kraft und nicht das Innen. Und dann beginnt auch schon wieder diese Trennung. Und wenn Ihr wirklich die innere Fülle lebt, dann habt Ihr keine Trennung im Außen und keine Trennung im Innen. Dann kann Euch niemand irgendetwas mehr erzählen, was Ihr im Herzen nicht spürt. Dann können wirklich die ganzen Lügen und diese ganzen frohen Botschaften Euch nicht mehr erreichen, die täglich in einer Kreativität im Verstand entstehen, durch den Verstand. Und Oronos manifestiert jetzt hier in diesem Raum für Euch und für den Planeten der Kreativität diese Dankbarkeit. Und damit wird es in Eurem Körper auch immer leichter. Denn, wenn es in Eurem Körper immer leichter wird, dann gehen die ganzen Widerstände. Und dadurch, dass so viele Menschen diese Dankbarkeit nicht mehr leben und diese Prinzipien, baut Oronos diese Energie jetzt sehr stark auf, damit die Menschen wieder in absoluter Freiheit und vom Herzen her das Leben feiern. Denn für die Seele ist es so ein Tanz und so eine Feier, mit diesem Körper zu sein, in diesem Körper zu sein. Und die Seele interessiert es nicht, wie alt Eure Zellen sind, denn die Seele kennt kein Alter, die Seele kennt keine Zeit. Das ist der Verstand. Die Seele interessiert es nicht. Die Seele interessiert es nicht, was Ihr an Zeit in Eurem Leben habt. Denn Zeit ist nur vom Verstand gemacht. Für die Seele, die immer und ewiglich ist, gibt es keine Zeit. Für die Seele gibt es nur diesen Augenblick. Für die Seele gibt es nur diese Energie. Und Eure Seele küsst Euch in jedem Atemzug. Doch Eure Seele ist so was von zeitlos. Und wenn Ihr die wirkliche Fülle Eurer Seele manifestieren wollt, dann nehmt diese ganzen Zeitmaschinen von Eurem Körper ab. Denn dann habt Ihr wirklich eine Freiheit, denn die Seele kennt keine Zeit. Die Seele kennt nicht dieses Feld von Uhrzeit. Und wenn Ihr diese Maschinen an Euren Armen nicht mehr tragt, dann haben auch Eure Zellen keinen Grund mehr zu altern. Denn das Altern ist nur vom Verstand und nicht von Eurer Seele abhängig. Na, seid mal frei und nehmt mal diese ganzen Zeitmaschinen von Eurem Arm ab. Klare Ansage. Abnehmen. Abnehmen! Ihr seid mit Oronos, da seid Ihr sowieso zeitlos. Da braucht Ihr nicht solche Zeitsperren. Und das gehört auch zu dieser

Dankbarkeit, der Kontakt zu Eurer Seele. Und die Seele ist so was von zeitlos, absolut zeitlos. Und jetzt kann Oronos noch viel mehr in Euer System. Diese Zeitmaschinen sind auch eine Blockade für die Energie, weil Euer Blut die ganze Zeit diese Zeitinformation bekommt. Die ganze Zeit bekommt Euer Blut diese Information. Und dadurch entsteht auch wieder eine Trennung. Und durch diese Zeitmaschinen lasst Ihr Euch oft so unter Druck setzen, dass Ihr diese Prinzipien gar nicht leben könnt, weil Ihr ja nur aus diesem Druck handelt, aus diesem Zeitdruck. Doch wenn Ihr die Seele in Eurem Körper einladet, die Fülle Eurer Seele, dann entsteht absolut der Raum, wo alles ist, jenseits von Zeit, jenseits von diesen Zeitmaschinen und auch jenseits des Alterns. Dass Ihr nicht mehr spürt, jetzt seid Ihr so alt, jetzt muss das und das passieren und so ist es statistisch vorgesehen. Die Seele kennt keine einzige Statistik. Das ist nur Euer Verstand. Doch die Seele kennt keine einzige statistische Liste. Das kennt keine Seele, doch diese Statistiken, die auch nur für den Verstand gemacht werden, hindern Euch auch an dieser inneren Fülle. Und deshalb geht in jedem Atemzug in die Dankbarkeit, geht in jedem Atemzug in das Fest der Liebe. Und Dankbarkeit ist wirklich diese Präsenz des Vertrauens.

Spürt, wie sich Eure Anspannung löst. Eure innere Anspannung. Denn wenn Ihr im Innen angespannt seid, dann seid Ihr auch im Außen angespannt. Und wenn Ihr im Inneren diese Fülle habt, kann Euch das Außen nie wieder müde machen. Und das sechste Prinzip ist die Liebe. Die Liebe zu Euch selbst und die Liebe zu jedem Lebewesen. Und diese Liebe ist alles, die Anerkennung und die Gelassenheit. Und diese bedingungslose Liebe trägt diese Prinzipien. Denn wenn Ihr wirklich liebt, habt Ihr den größten Schutz Eurer Seele. Und wenn es bei den kleinen Wesen, wenn Sie schlafen, so flimmert um sie rum, dann legt sich die Seele als Schutz über den Körper. Bei den neugeborenen Menschenwesen, wenn sie schlafen, dann flimmert es in ihrem Feld. Das ist die Seele, die sich zum Schutz um den Körper legt. Und das geschieht, weil diese wundervollen neuen Wesen keine Trennung haben, so wie bei Euch auch, wenn Ihr geschlafen habt als kleine Wesen, hat sich die Seele um Euren Körper gelegt zum Schutz. Bei Euch allen, weil Ihr diese Prinzipien noch in dem System der Liebe hattet. Und Oronos offenbart Euch jetzt diese Prinzipien wieder, die die Seele und der Körper mitbringen. Und diese bedingungslose Liebe, die dann alles mitträgt und mit harmonisiert. Die bringt dann auch die Fülle im Außen zum Vorschein. Und durch die Ängste und durch den Verstand und durch die ganzen Beurteilungen und negativen Felder kann sich irgendwann die Seele nicht mehr um den Körper legen, weil der Körper dann zu dicht wird. Und das ist so wichtig, die Liebe zu empfangen und die Weichheit des Körpers wieder zuzulassen. Denn Dichte, wenn Euer Körper so dicht wird, ist immer ein Mangel. Und wenn Euer Körper offen bleibt, wenn Euer Körper weich bleibt, dann hat sich schon die Fülle im Außen manifestiert. Und diese sechs Prinzipien sind so absolut essenziell, für die wirkliche Fülle im Innen wie im Außen zu erfahren und zu leben. Das sind die Weisheiten für ein erfülltes Leben ohne Wunsch. Und diese Weisheit dürft Ihr integrieren in Euer Leben, dass Ihr weit werdet, und dass sich auch Eure Seele wieder schützend um Euren Körper legen kann. Damit Ihr auch wieder so funkelt wie damals. Oronos wird etwas den Raum runterkühlen, damit Ihr etwas präsenter seid, ohne Kaffee. Und Oronos wird Euch den Wind des Präsentseins schicken, jetzt. Christian, kommt der Wind bei Dir an. Wird kühl. Das geschieht, wenn Ihr mit einem Meister über alle Elemente hier sitzt. Diese sechs Weisheiten, diese sechs Prinzipien sind der Schlüssel zur inneren und äußeren Fülle. Und lasst euch nicht mehr ablenken von diesen ganzen äußeren Geschichten, denn so viele Medien sind voller Geschichten, um Euch wirklich wieder von Euch abzulenken. Doch lasst dies nicht mehr zu. Und geht damit in diese Kraft der Liebe. Denn was geschieht, wenn überall die Kraft jetzt herausgeht. Das erlebt Ihr gerade in Euren Gesellschaften, das erlebt Ihr in Eurem Weltsystem, dass diese Weisheiten nicht mehr existieren in Eurem Leben und auch nicht mehr in den Weltsystemen. Dass diese Weisheiten nicht mehr in dem Bewusstsein sind und das bringt jetzt erst mal das Chaos, was ja schon da ist, bei den Banken, in den Gesellschaften. Und dann baut sich daraus die göttliche Ordnung wieder neu auf. Denn in den kommenden Monaten werden einige viele Banken erlöst. Und so kommt alles in die göttliche Ordnung, damit wirklich in allem wieder diese Frequenz der Liebe fließt, in allem. Und wenn Ihr keine Angst habt und Euch nicht getrennt fühlt, dann könnt Ihr so viel bewirken in diesem Prozess hier. Und bestrahlt die Banken mit Liebe, damit nicht so viele sich das Leben nehmen. Denn es gibt auch bei den Banken und in dem Geldsystem zurzeit nur noch das Außen. Die innere Kraft, das Innere, fehlt völlig, weil sich alles nach außen gerichtet hat. Nach außen. Und den Banken und der Börse fehlt eine innere Struktur, diese innere Weisheit. Und dadurch, dass das Innere weg ist und keine Kraft gibt, bricht alles in sich zusammen. Alles. Dieses Feld habt Ihr ja bereits schon auf dem Planeten, in Euren Ländern. Es ist für Euch jetzt noch nicht so sichtbar, doch in einigen Monaten ist es sehr, sehr sichtbar. Und Oronos sagt Euch das, um Euch keine Angst zu machen, sondern wirklich, um Euch die Angst zu nehmen, dass Ihr wirklich wisst, was da ist und warum dieses Chaos so da ist, wie es jetzt schon ist. Damit Ihr nicht sagen könnt, Ihr habt von nichts gewusst. Denn diese sechs Prinzipien, diese sechs Weisheiten, sind so wichtig in dieser Zeit. Damit sich wirklich das Innen und das Außen wieder vereint. Und gebt auch niemandem irgendwie die Schuld oder die Verantwortung für Eure finanzielle Situation, gebt niemandem die Verantwortung ab darüber, Ihr seid alle Meister Eures eigenen Glücks. Alle, alle. Und es genügt nicht, zu sagen: „Es wird schon alles gut und ich lehn mich einfach zurück." Das genügt in dieser Zeit nicht mehr. Sondern es geht wirklich darum, aus dieser Weisheit heraus zu handeln und die nächsten Schritte in Eurem Leben in diesen Weisheiten zu manifestieren. Damit Ihr alle in ein anderes Feld kommt. In ein Feld des Vertrauens und der Gelassenheit, denn die wirkliche Fülle des Quantenfeldes ist jenseits von Vorstellung. Die Fülle Eurer Seele ist jenseits von Vorstellung, die könnt Ihr Euch nicht vorstellen mit Euerm Verstand. Und Ihr wurdet in so vieles hineingepresst in Eurer Kindheit und jetzt kommt wieder die große Öffnung. Damit Ihr wirklich die innere Stärke, die innere Qualität, lebt in Eurem Leben. Denn dann ist das Außen nicht mehr ein Spiegel, dann ist das Außen immer gleich dem Inneren. Dann gibt es dieses System nicht von innen und außen, dann wird alles eins. Alles. Und nichts muss schwer gehen. Was es so schwer macht, ist immer Euer Verstand. Und macht Euch bewusst, dass Ihr in diesem Feld, in dieser Zeit, inkarniert und Wissende seid, nicht wie sechseinhalb Milliarden Menschenwesen, die noch schlafen. Und mit diesen Wissenden können wir arbeiten und können wirklich diese Liebeskraft verankern auf dem Planeten Erde durch Euch und indem wir dieses Wissen wieder auf dem Planeten platzieren. Und diese großartigen Zeiten der Veränderung, diese großartigen Zeiten, in denen alles offenbart wird jetzt, sind von so einer Tiefe und Wahrheit geprägt, da entsteht nun dieses Feld des Vertrauens und der Erneuerung. Oronos begleitet die Menschenwesen seit dem Jahr 2000 und in dem Jahr 2000 gab es für Euch alle einige Situationen, die Euer Leben komplett umgestellt haben. Und in diesen elf Jahren ist so viel geschehen, so viel Leichtigkeit entstanden und so viel offenbart worden, aber auch die Kraft der Menschengruppe, die nicht wollen, dass Ihr Menschen frei seid, ist ebenfalls stärker geworden durch die Medien, durch die Präsenz Eurer schwarzen Kisten, durch die Präsenz des Computers. All das stellt auch viele Trennungen zwischen Körper und der Seele dar. Damit Euch ständig neue Wünsche suggeriert werden und neue Mangelenergien, doch wenn Ihr Euch von diesem Ganzen verabschiedet, dann gibt es kein Außen und kein Innen mehr, dann ist es nur noch diese Frequenz von Einheit und Liebe. Und Eure Zellen sind sehr stark in diesem Prozess jetzt, diese sechs Weisheiten, Prinzipien, auch zu verankern. Das bringt Eure Zellen ins Wachstum und zum Arbeiten, dass Euer Körper wirklich weich wird, dass Euer Körper ganz weich wird. Denn die Weichheit bringt Fülle, die Härte bringt Mangel. Und diese Härte entsteht aus Angst und aus dieser Verlustenergie. Denn die meisten Menschen, die viel Geld besitzen, sind ständig in der Verlustenergie, haben ständig Angst, alles zu verlieren, weil sie diese Dankbarkeit nicht erfahren. Diese Liebe nicht erfahren. Und deshalb sind sie so hart. Doch wenn Ihr Euch immer vor Euch selbst verneigen könnt, dann wird das Innen und das Außen immer eins. Wenn Ihr Euch vor Euch selbst verneigen könnt, dann bekommt Ihr die Gelassenheit, die innere Gelassenheit, dann ist alles zum richtigen Zeitpunkt, zur richtigen Energie, da. Alles. Wenn Ihr wirklich aufhört mit diesem Wünschen, ist alles zur richtigen Energie da. Und dann kommt alles aus der göttlichen Ordnung. Und bewertet Euch nicht. Bewertet Euch nicht. Oronos meint hier die ganzen negativen Bewertungen, wie sie schon den Kindern eingegeben werden. Doch alles geschieht mit der Fülle in Eurem Leben, wenn Ihr bereit dazu seid, es anzunehmen, diese sechs Prinzipien. Diese sechs Weisheiten helfen Euch, wirklich in diese absolute Bereitschaft zu kommen, diese innere und äußere Fülle anzunehmen. Denn, wenn das Innen und das Außen eins werden, dann wird der Verstand auch eins mit dem Herzen und eins mit der Liebe. Und dann feiert in dieser Nacht das Fest Eures Lebens.

Das ist die Fülle, dass alles gleichzeitig geschieht. Alles gleichzeitig. Und lebt immer Eure Freude. Lebt immer Eure Liebe zu Eurem Leben und zu dem Planeten.

Und lebt das große Geschenk, das sich Eure Seele so offenbart. Und diese Weisheiten, die wirken jetzt durch Eure Zellen, deshalb seid achtsam, denn Oronos löst ja ganz viel, auch während er zu Euch spricht, löst er ganz viel mit seinem Volk bei Euch aus, ganz viel. Damit Euch wirklich die große Gnade des Lebens zuteilwird. Das Innen und Außen verschmelzen, um das Licht der Seele immer zu leben. Immer. Und dass Eure Seele immer durch Euch wirkt, immer, dass Eure Seele immer durch jede Zelle Eures Körpers erstrahlt. So feiert in dieser Nacht Euer Strahlen, und Oronos wird Euch erstrahlen mit dieser Liebe. Mit dieser Präsenz des Quantenfeldes könnt Ihr nur noch strahlen und diese Fülle in der Innen- und Außenenergie erfahren. Dadurch müsst Ihr Euch von niemandem mehr klein machen lassen, von niemandem mehr klein und unwürdig machen lassen. Denn, wenn das Außen nicht mehr existiert, dann gibt es nur noch diese Größe der Seele in Euch. Und Eure Seele ist nicht gekommen, damit Ihr Euch klein fühlt. Eure Seele ist nicht gekommen, damit Ihr Euch klein fühlt. Eure Seele ist gekommen, damit Ihr diese ganze Größe des Kosmos, die ganze Größe des Quantenfeldes, in der Eure Seele entstanden ist, wirklich annehmt. Und nicht mehr so rumdümpelt mit den ganzen Wenn und Abers und Wie und Was. Mit den ganzen Fragen in Eurem Leben. Die Seele hat was viel größeres als nur Fragen. Und die Seele kennt keine Schuld und keine

Schulden. Die Seele kennt den Weg. Deshalb ist es so wichtig, diese Weisheiten wirklich zu integrieren in Eurem Leben. Denn diese ganze Schuld entsteht aus dem Verstand und aus dieser Unwürdigkeit des Lebens, dass Ihr nicht würdig seid zu leben. Doch das ist eine Kreation des Verstandes, denn die Seele hat gewählt, Euch hier zu haben auf dem Planeten Erde und dort ist sie inkarniert, nirgendwo sonst ist sie jetzt, sondern bei Euch in Eurem Körper. Und das hat Eure Seele gewählt, deshalb gibt es kein Entkommen. Gibt kein Entkommen. Und das ist sehr wichtig, dass Euch dies mal jemand so klar sagt. Denn Oronos hat die Menschen in den letzten Jahren studiert. Und das einzige, was den Menschen nicht gelehrt wird, Euch wird ja alles gelehrt, ist die Liebe. In einem Land, in dem Ihr für alles Scheine braucht, ist diese Liebe ganz vergessen worden. Und das beginnt jetzt mit diesem neuen Zyklus der Offenbarung und mit dem, was Oronos, während er zu Euch spricht, auf dem Planeten Erde verankert. Dass es den größten Schein und das größte Ausbildungszertifikat gar nicht gibt für die Liebe, und dass dies so vergessen werden kann, das zeigt Euch jetzt dieses Chaos.

KRAFT DER FÜLLE

Geliebte Menschenwesen,

Oronos ist gekommen, um mit Euch diese Kraft der Fülle zu feiern, um mit Euch die Kraft Eurer Herzensfülle zu feiern, dass Ihr Euch immer mehr geborgen fühlt auf dem Planeten der Kreativität, und dass Ihr immer mehr Eure Lebensvision erfahrt. Wenn das Quantenfeld zu Euch spricht, und Oronos ist das Quantenfeld, dann entsteht ein Miteinander, dann entsteht eine Herzfrequenz, die immer, immer präsenter wird und immer präsenter ist. Und die Fülle des Herzens bedeutet, in jedem Atemzug Eure Klarheit und Eure Vision, Eure Lebensvision, zu manifestieren. Und diese sechs Prinzipien, diese sechs Weisheiten, die Oronos Euch gegeben hat in den letzten Einheiten, die wirken sehr stark in Euren Zellen. Und wenn Euer Innen und Euer Außen eins wird, dann habt Ihr immer diese Stille in Euch und auch diese Präsenz. Und dieses Quantenfeld bringt alles in die göttliche Ordnung in Eurem Leben. Dieses Quantenfeld bringt Euch immer zu Euch selbst, diese intelligente Liebesschwingung. Und wenn Oronos in diesen Körper kommt, ist es ein großes Fest für den Planeten der Kreativität, für Euren Planeten Erde. Und Oronos macht Euch etwas Wind, damit mit diesem Wind diese gesamte Liebe über den Planeten getragen wird, denn der Wind trägt alles. Alle Informationen um den gesamten Planeten. Und der größte Schlüssel für Euer Leben ist wirklich die Berührbarkeit, dass alle Schlösser aufgehen in Eurem Herzen und Ihr Euch wieder berühren lasst von Euch selbst und von der Schönheit, dass Ihr Euch wieder berühren lasst in Eurem Leben von den Dingen, die da sind. Und bleibt mit Eurer Aufmerksamkeit präsent. Denn die Meisterschaft in Eurem Leben zu manifestieren bedeutet, wirklich präsent zu sein, bedeutet, in jedem Augenblick wirklich dieses Liebesfeld, diese Liebeskraft, präsent zu haben in allem. Und wenn Eure Gedanken immer abschweifen zu dem und zu dem, dann könnt Ihr gar nicht diese Liebespräsenz halten. Und darum geht es, in allem was Euch begegnet, diese Präsenz der Liebe zu halten. Und in der kommenden Zeit gibt es viele Situationen in Eurem Leben, in denen Ihr wirklich seht, wo Ihr steht mit der Präsenz der Liebe. Dass Ihr Euch immer mehr berühren könnt, dass Ihr immer mehr berührbar seid, als dass Ihr aus dieser Angstfalle austretet, Euch nicht mehr in die Ängste fallen lasst, sondern ins Leben. Ins Leben fallen lasst mit Liebe. Denn Fülle ist der Kontakt mit allem. Fülle ist der Kontakt mit der Kraft der Liebe, mit der Kraft der Zweifel, mit allem in Kontakt zu sein und nichts mehr runterzuschlucken, nichts mehr in irgendeiner Form auszublenden. Und der wirkliche kraftvolle Weg der Fülle ist der Weg Eurer Seele. Und wenn Ihr

Eurem Leben eine neue Richtung gebt, die Herzensrichtung, dann geht alles viel leichter, dann geht alles viel mehr in die Kraft. Und Ihr lebt ja bereits die Fülle, indem Eure Seele sich in diesem Körper manifestiert hat. Das ist schon die größte Fülle. Doch mit dem ersten Atemzug kann sich die Fülle noch mehr ausbreiten, oder durch die Erfahrung des ersten Atemzugs entsteht die Angst. Und Oronos arbeitet mit Euren Zellen, damit wirklich die letzte Angst geht, dass Ihr wirklich nur noch in dieser Präsenz der Liebe seid und alle Urteile in die Liebe bringt. Denn Urteilen ist immer das Außen. Diese göttliche Seele urteilt nicht. Und die göttliche Seele manifestiert, wenn Ihr es wieder zulasst, immer den Frieden in Euch. Immer den Frieden. Und geht mit Eurer göttlichen Seele Hand in Hand durchs Leben. In diesem Leben, nicht erst in anderen Leben, sondern in diesem Leben. Und weißt du, Gytana, was kann Dir passieren in Deinem Leben. Du hast Gott erfahren in Dir, Du hast Gott in Dir präsent gemacht. Du hast die Energie in Deinem Körper manifestiert. Du hast Dein Leben so gewandelt, Du hast Dein Leben so in diese Präsenz der Liebe gebracht. In diese Präsenz. Und Du hast die Liebe der Tiere immer erfahren, denn diese Tiere sind absolut bedingungslos. Und lass Dich feiern für den Mut und für die Kraft, dass Du aus dieser Familie ausgebrochen bist und gesprungen bist. Lass Dich feiern, dass Du wirklich gesprungen bist ins Leben, denn mit dieser Kraft hat Deine göttliche Seele so viel erreicht. Hat Deine göttliche Seele so viel erlöst in Deiner Familie, in Deinem Feld. Und Deine Seele hat sich entschieden in den vergangenen Tagen hier in diesem Feld der Fülle, deine Seele hat sich entschieden, wieder in die Fülle zu gehen. Deine Seele hat sich entschieden, Deinen Körper zu verlassen. Und das sagt Dir Oronos, damit Du in ganzer Klarheit und in ganzer Liebe diesen Auftrag vollendest. Oronos sagt es so klar, weil Ihr keine Angst haben braucht davor, wenn dieser Entwicklungsschritt da ist. Das gehört auch zur Fülle dazu, absolut die Fülle anzunehmen auf allen Ebenen. Absolut. Und das ist absolute Fülle, dass Du zu Oronos gekommen bist, dass Du Deine Seele in dieses göttliche Licht gestellt hast, dass Du Deine Seele in das göttliche Licht gestellt hast. Komm, komm hier her, komm zu Oronos. Das ist Fülle, absolute Fülle, was hier geschieht. Absolute Fülle. Oronos bereitet Dir den Lichtweg. Weißt Du, Du hast alles, alles geschaffen für Deine Familie, Du bist so tief gereist und bist so gesprungen in das Leben, hast so viel erfahren, hast so viel Leid in Deinem Leben erfahren, hast so viel Geschichten erfahren in Deinem Leben, doch dies hat alles erlöst. Und dies nimmt Deine Seele nicht mit, die Seele nimmt nur dieses Licht von Oronos mit in das Quantenfeld und dann sind wir doch eh eins. Denn Oronos ist das Quantenfeld. Und das ist die Fülle, das ist die absolute Fülle, auch dieses absolut zu integrieren, dieses Feld anzunehmen. Dass Innen und Außen gleich sind und dass Geburt und Tod eins sind. Und Du hast diese Meisterschaft wieder erlangt, eine von sieben Milliarden Menschenwesen, hast diese Meisterschaft wieder erlangt und hast Dir Deine Blaupause wieder zurückerobert. Hast Dir Deine Blaupause wieder zurückgeholt. Was kann Dir größeres geschehen mit dieser Reise? Weil jetzt dieser absolute Kampf aufhört, weil Oronos Dich wirklich in diese Energie eingeweiht hat, dass Du wirklich in absoluter Freiheit, in absoluter Liebe, Dein Feld öffnest für den Neubeginn und für die neue Reise Deiner Seele ins Quantenfeld. Und Oronos ist da. Es geht wirklich nur um dieses Strahlen. Es geht nicht mehr um dieses Leiden in der Fülle. Und es geht nicht mehr um dieses Leiden im Körper, es geht nicht mehr um dieses Leiden in Eurem Körper. Und die Fülle ist auch wirklich, wenn der Körper schwach wird, ist die Fülle auch, dass die Seele in dieses göttliche Licht zurückkehrt, dass die Seele wieder in eine neue Kraft kommt. Und Du hast die Blaupause Dir zurückerobert, Du hast alles bekommen in Deinem Leben, Du hast alles, alles für Deine Familie und für Deine Liebe und für Dein Feld manifestiert. Alles. Und das sagt Dir Gott, das sagt Dir Oronos. Was kann Dir Größeres geschehen? Und Deine Seele leuchtet so golden, Deine Seele jubelt und Deine Zellen jubeln, dass endlich dieses Leiden in Dir aufhört. Und diese Fülle ist auch, dass die Seele auch wieder aus tritt aus dem Körper, wenn die Zeit gekommen ist für die Seele, wenn die Seele spürt, dass jetzt einfach eine Freiheit, eine neue Freiheit, da ist. Und solange dieses Feld immer bei Euch in Eurem Leben, in Eurer Gesellschaft, in Euren Völkern ausgegrenzt wird, dass es den Tod nicht gibt, dass es die Seele nicht gibt, wie kann dann die Fülle entstehen in Eurem Leben? Wie kann wirklich die Fülle entstehen, wenn das so in Eurem Leben ausgegrenzt wird, in Euren Gesellschaften? Dann kann überhaupt nicht die Fülle entstehen, wenn die Kinder, wenn die Menschen nicht wissen, was wirklich geschieht, und die Bereitschaft, die Annahme nicht vorhanden ist, wirklich auch in diesem Aufstieg, denn für die Seele ist es ein Aufstieg, kein Abstieg. Mit dieser Blaupause ist es ein absoluter Aufstieg.

Es ist wichtig, dass wirklich die Seele jetzt auch weiß, dass sie sich gut und leicht entspannen kann. Und wenn die Seele leicht und in Freude aus dem Körper geht, ist der Körper auch entspannt. Doch Deine Seele hat Dich zu Oronos geschickt, Deine Seele hat den Auftrag erfüllt, damit Du wirklich in voller Leichtigkeit und in voller Liebe und in voller Freude diesen Gottesdienst manifestierst. Und Du hast so einen Segen den Tierwesen und Pflanzenwesen mitgegeben. Und die Tierwesen und Pflanzenwesen und die Menschenwesen verneigen sich vor Dir, vor dem, was Du wirklich für diese Energie in absoluter Freiheit und in absoluter Demut getan hast. Das ist wirklich auch das Feld der Fülle, diesen großen Glanz der Liebe zu sehen. Schaut, wie sie jetzt leuchtet, das ist doch Fülle. Das ist doch Fülle, das ist doch kein Mangel, das ist kein Leid, das ist doch Fülle, da ist doch absolute Fülle. Und was jubelt ihre Seele, dass endlich diese Freiheit kommen kann. Und solange Ihr diesen Schmerz zurückhaltet über die ganze Trauer oder was auch immer, Ihr den Schmerz über Tod zurückhaltet, den Schmerz über Verlust, kann auch die Fülle nicht kommen, dann seid Ihr auch immer abgetrennt, dann seid Ihr immer getrennt von der Fülle. Solange Ihr wirklich nicht den Schmerz annehmt und dann ist der Schmerz schon weg. Und alles kommt durch die Blaupause in die göttliche Ordnung. Alles. Und schau dieses Fest an von sieben Milliarden Menschen, es sind 108 in diese permanente Blaupause eingeweiht. In diese vollständige Blaupause. Schau dieses Manifest Deiner Seele an. Was ist das für ein Glück? Und das bringt Dich auf ganz andere Ebenen im Quantenfeld. In Deinem neuen Feld der Liebe, in Deinem neuen Feld des Strahlens.

Oronos ist immer präsent. Wenn Ihr Oronos ruft, ist er immer präsent, immer da. Und Oronos offenbart alles, auch dieses. Das ist für Oronos niemals unangenehm, weil, das gehört zu diesem Kreislauf der Fülle und zu diesem Kreislauf der Seele doch dazu.

Genau das ist die Dankbarkeit, die wirklich das Feld öffnet, die Dankbarkeit. Nicht der Schmerz und das, sondern die Dankbarkeit öffnet das Feld. Und Du wirst eine wundervolle Reise haben, eine wundervolle Reise. Und alle, die Dich begleiten, sind wichtig auf dem Weg, sind wichtig auf Deinem Weg. Und Dein Körper wird immer leichter, immer leichter, denn das Quantenfeld kennt keinen Schmerz, das Quantenfeld kennt nur dieses Feld der Seele. Wird immer leichter, immer mehr kann Deine Seele rausgehen aus dem Körper.

Und das Wichtige ist, dass die, dass Du wirklich, dass die Menschenwesen und diese Tierwesen und die Pflanzenwesen sich wirklich in diesem Feld, wenn Du lebendig bist, von Dir verabschieden und nicht wenn Du tot bist, dann ist Deine Seele doch schon draußen, sondern jetzt von Dir tschüss sagen. Kommt alle her. Macht ein paar Rosen ab und hier über Ihren Körper und verabschiedet Euch. Das ist die Fülle.

„Ciao ..."

Genau das ist das Feld, sie tröstet Euch und das ist genau die Fülle, wenn sie Euch tröstet, das ist die Fülle, die absolute Fülle.

„Tschüss."

„Ich bin ja noch da."

„Ich weiß."

Oronos ist immer da, Oronos weiß alles von Euch. Alles.

Und das heilt alles in Euch, von dem Ihr wirklich nicht bewusst Abschied nehmen konntet. Das heilt alles in Euren Zellen, das heilt alles in Eurem Leben, von dem Ihr wirklich nicht bewusst Abschied nehmen konntet.

Oronos kriegt Euch alle weich. Alle.

Dass Du wirklich so eine Heilung hier manifestierst, dass Du so eine tiefe Liebe manifestierst und so eine, ein Neubeginn erlebst, das ist die wahre Fülle der Seele. Das ist die wahre Fülle Eurer Seele, die wahre Fülle Eures Herzens, dass Ihr wirklich in dieses Feld eintaucht, dass Ihr in dieser Energie seid, dass die Fülle grenzenlos ist und die Fülle ist jenseits Eures Verstandes. Das, was Ihr gerade in diesem Feld erlebt habt, das ist absolute Fülle, auch alles, alles, alles zu integrieren in Eurem Leben, alles und nichts mehr ausklammern. Nichts mehr. Oronos kann nur Euch helfen. Immer. Immer.

Das ist die Heilung, wirklich bewusst in dieser Phase des Lebens Abschied zu nehmen und ganz bewusst diese Fülle zu manifestieren, ganz bewusst. Und Oronos kann Euch nur lieben, auch wenn Ihr dieses Feld öffnet. Dann ist es pure Liebe für Mutter Erde und pure Liebe für die Seele, denn die Seele ist so was von zeitlos. Die Seele kennt keine Zeit, und diese Schönheit, die Gytana jetzt mitnimmt in das Quantenfeld, diese Schönheit der Seele, das ist die Heilung. Das ist die wirkliche Heilung und das ist die Fülle, wirklich in allem, in allem diese

Fülle zu manifestieren, in allem. Auch in dieser, auch in diesem Weg der Seele die Fülle zu manifestieren, die Fülle. Und so viele Schocks und so viele Erlebnisse sind jetzt noch einmal bei Euch gelöst worden, dadurch bei Euch allen, dass Ihr wirklich weich werdet, dass Ihr ganz weich werdet und nichts mehr verbergt, nichts mehr zu verbergen braucht in Eurem Leben. Nichts mehr. Und wenn Ihr schon diese Freude nur lebt und diese Freude erfahrt, dass Ihr Euch selbst in diesem Leben begegnet seid, dass Ihr Oronos begegnet seid und dass Ihr wirklich alle, die Ihr hier seid, gesprungen seid für Eure Familie, das ist schon so ein Glanz, das ist schon so ein Feld der Liebe, das ist schon so eine wundervolle Dankbarkeit.

NACHT DER HEILUNG, TEIL III

KRAFT DER KOMMUNIKATION

Geliebte Menschenwesen,

Oronos ist gekommen, um mit Euch den Frieden zu feiern, mit Euch und in Euch den Frieden Eures Herzens zu feiern, denn was vor sieben Tagen begonnen hat, dieser Zyklus der Offenbarung, wirkt so stark auf den Planeten der Kreativität und damit auch auf Euch. Dieser Zyklus der Offenbarung, der jetzt zwölf Jahre für den Planeten geöffnet ist, bringt wirklich in alles die Wahrheit. Die Wahrheit Eures Herzens, nicht die Wahrheit Eures Verstandes und es ist in diesen Tagen schon so viel geschehen. Und dies kann geschehen, weil Ihr offen seid, weil Ihr offen seid für diese Präsenz und für Eure Liebe. Oronos bringt das Quantenfeld mit in diesen Raum, damit es Euch leichter geht, damit es Euch wieder gefällt auf dem Planeten der Kreativität, damit dieser gesamte Lebenskampf aufhört, und damit Ihr Euch wirklich wieder in der Wahrheit begegnet, in der Wahrheit mit Euch selbst, dass Ihr Euch selber nichts mehr vorspielt, und dass Ihr anderen nichts mehr vorspielt, sondern dass Ihr wirklich in absoluter Klarheit lebt, und dass ist die Offenbarung. Die Offenbarung, der Zyklus der Offenbarung bedeutet, wirklich nichts mehr zu spielen, mit niemandem mehr auf dem Planeten Erde zu spielen, sondern wirklich in der Kraft zu kommunizieren, in der Kraft der Offenbarung zu kommunizieren. Und Oronos merkt, dass in Eurer Kommunikation ganz schön was abgeht im Raum, ganz schöne Hänger, Hänger in der Kommunikation. So wird Oronos heute Abend die Energie darauf richten, dass Ihr wirklich die Offenbarung auch in Eurer Kommunikation erfahrt. Dass diese gesamten Hänger, die Ihr alle da noch habt, loslasst, dass Ihr wirklich die Kommunikation, die wirkliche Herzenskommunikation, die wirkliche Wahrheit sprecht. Und mit nichts und mit nichts mehr spielt, sondern wirklich mit Euch selbst in dieser absoluten Wahrheit kommuniziert, denn Ihr habt hier die Wahrheit rumlaufen. Oronos ist das Quantenfeld, Oronos ist die Wahrheit und wenn Ihr mit der Wahrheit hier im Raum seid, was kann Euch da noch passieren. Warum habt Ihr immer noch solche Ängste? Wenn die Wahrheit hier umherläuft und alles, alles von Euch sieht. Oronos weiß alles, sobald er diesen Raum betritt, weiß er alles von Euch, egal was, alles. Da braucht Ihr doch vor Euch selbst nichts mehr zu verbergen, vor Euch selbst braucht Ihr am wenigsten zu verbergen. Wenn Ihr versucht, vor Oronos etwas zu verbergen, das funktioniert nicht. Es geht wirklich darum, dass Ihr vor Euch nichts mehr verbergt, dass Ihr keine Berge aufbaut in Eurem Kehl-Chakra, dass Ihr wirklich in der Offenbarung kommuniziert, dass Ihr wirklich in dieser Zeit, in der Ihr dieses Leben gewählt habt, in der Offenbarung kommuniziert. Denn dann geht es so viel einfacher in Eurem Leben, dann baut Ihr keine Berge mehr auf, sondern ab. Und irgendwann habt Ihr beschlossen, nicht mehr so Euer Herz kommunizieren zu lassen. Irgendwann habt Ihr beschlossen, nicht mehr in dieser Art und Weise der Liebe zu kommunizieren, doch das ist so wichtig für die Offenbarung, für diesen Zyklus der Offenbarung, wirklich Euch mitzuteilen. Euch mitzuteilen, Euch hier aus der Kommunikation heraus des Herzens zu sprechen, weil da draußen leben so viele Menschenwesen, die das verlernt haben und ihre ganzen Aggressionen auf andere richten, auf sich selbst und auf andere. Doch das ist nicht der Weg, den jetzt mit dem Zyklus der Offenbarung die Menschheit braucht, damit durch diese unterdrückte Kommunikation wirklich das Leben einfriert. Und Oronos baut das Quantenfeld für Euch auf, dass Ihr wirklich die Liebe in Eurer Kommunikation wieder erfahrt, und dass Ihr aus der Kommunikation heraus die Dinge erschaffen könnt, dass Ihr nichts mehr runterschluckt, gar nichts mehr runterschluckt, was Euch nicht passt, was Ihr spürt, das ist nicht die Wahrheit, dass Ihr das nicht runterschluckt, sondern wirklich kommuniziert. In dieser Zeit ist es so wichtig, in dieser Herzens-Kommunikation zu sein. In diesem Feld, in dem alles präsent ist, in dem Ihr keine Angst mehr habt, in dem Ihr keine

Angst mehr habt, Euch selbst zu begegnen, weil die größte Kommunikationsangst ist, Euch selbst zu hören, Euch selbst zu begegnen. Und wenn Ihr Euch selbst begegnet, dann hört das ganze Drama auf. Dann hört wirklich dieses Drama auf. Eure Seele kennt kein Drama. Und mit jedem Spielen beginnt das Drama. Mit jedem Spielen beginnt das Drama. Und das braucht Ihr doch nicht, Ihr braucht nicht mehr zu spielen. Ihr braucht nicht mehr die Kommunikation zu verschleiern und Ihr braucht nicht mehr diese Dramen. Denn Euer Leben ist so ein phänomenales Feld, wenn Ihr es begreift mit dem Herzen, nicht mit dem Verstand. Mit dem Verstand könnt Ihr Euer Leben gar nicht begreifen, aber mit dem Herzen. Und wenn Ihr diese unendliche Liebe wieder annehmt in Eurem Leben, dann könnt Ihr kommunizieren, dann könnt Ihr wahrhaftig kommunizieren, dann könnt Ihr wahrhaftig sein ohne diese ganzen Dramen, denn in der Wahrhaftigkeit seid Ihr Euch wirklich am nächsten. In der Wahrhaftigkeit begegnet Ihr Euch. Und das ist dieser Zyklus der Offenbarung, dass Ihr Euch in aller Wahrhaftigkeit begegnet, in aller Wahrhaftigkeit, in aller Wahrheit Euch begegnet, Euch selbst und dann öffnet sich das Feld und alle Dramen fallen weg. Und Ihr seid so gesegnet, dass Ihr da seid, Ihr seid so gesegnet, dass Ihr in dieser Zeit von sieben Milliarden Menschen hier seid. Das ist doch ein großer Segen für Euch und Eure Familien. Denn die Wunder in Eurem Leben können wirklich geschehen, wenn Ihr Eure Dramen rauslasst, wenn Ihr aus der Vergangenheit rausgeht und nicht immer nur an früher denkt, sondern in diesem Augenblick kann sich alles, alles, befreien in Euch, alles, wenn Ihr wirklich bei Euch seid. Und wenn Ihr nicht in diesem Feld bewertet. Oronos erhöht die Energie noch für eure Kommunikation, damit Ihr wirklich wieder in diesem Bewusstsein des Friedens seid, dass Ihr in dem Kommunikationsfrieden seid, und dass Ihr alle wieder lernt, Euch friedvoll auszudrücken. Der Verstand baut das Drama auf in Eurem Leben und das Herz baut das Karma ab. Das ist so wichtig, dass Ihr das versteht, damit Ihr immer mehr ankommen könnt auf dem Planeten, damit sich nicht so viel Berge sich in Eurem Leben manifestieren, damit Ihr nicht so viel wirklich Ballast in Eurem Leben tragt. Durch diese ganze Nichtkommunikation entsteht sehr viel Ballast in Eurem Leben. Doch wenn die Wahrheit hier durch den Raum läuft, hier durch diesen Raum mit Euch läuft, dann lösen sich die ganzen Energien, die ganzen Bänder, die Ihr aufgebaut, habt in der Kommunikation, damit Ihr wirklich wieder in Freiheit und in Freude und in Gelassenheit kommunizieren könnt, und dass Ihr aufhört, mit dieser Kommunikation zu spielen, sondern dass Ihr wirklich nur noch Euer Herz kommunizieren lasst. Alles kann sich lösen in Eurem Kommunikationssystem, alles kann sich lösen, denn es geht um die Ehrlichkeit zu Euch selbst, um die Wahrheit. Ihr kommt für Leben, für Leben, für Leben, für Leben auf diesen Planeten. Und Eure Seele ist immer voller Energie und voller Liebe für Euch. Und wenn der Verstand dann immer mehr die Macht übernimmt, wenn der Verstand immer stärker wird, immer stärker, die Angst immer stärker, dann zieht sich die Seele zurück. Wenn Ihr die Seele nicht mehr hört, dann zieht sich die Seele zurück. Noch in diesem Leben habt Ihr die Möglichkeit, all Eure Wahrheiten wirklich zu manifestieren, all Eure Seelenwahrheiten, alles was Eure Seele mitgebracht hat auf diesen Planeten der Kreativität, wirklich zu manifestieren. Denn das ist nicht das Ziel der Seele, noch zwanzig unbewusste Leben auf dem Planeten Erde. Das ist nicht das Ziel Eurer Seele, das ist das Ziel Eures Verstandes, aber nicht das Ziel Eurer Seele oder noch dreihundert unbewusste Leben. Denn Ihr habt wirklich in jedem Atemzug die absolute Möglichkeit, wieder in diesen Kontakt zu kommen, wieder in diesen Kontakt mit Eurer Seele. Und jetzt durch diesen Zyklus der Offenbarung noch viel mehr. Doch lasst Euch von diesen Dramen nicht ablenken. Lasst Euch nicht wieder in irgendwas hineinziehen, sondern steht zu Eurer Herzenskommunikation, steht dazu, steht zu Euch. Denn, wenn Ihr zu Euch steht, dann entsteht ein absolutes Liebesfeld und das bringt Oronos in diesen Raum. Das bringt Oronos zu Euch und Ihr dürft es annehmen oder auch nicht, wie Ihr das wollt. Und Oronos ist da und Ihr dürft es wirklich annehmen, wenn Ihr Euch darüber bewusst seid, wenn Ihr Euch wirklich darüber bewusst seid, was es bedeutet dieses Feld, was Ihr wirklich in diesem Leben gewählt habt. Und in diesem Feld geht es darum, Euch in jedem Atemzug neu zu entdecken. In jedem Atemzug wirklich in dieser Kraft zu sein und nicht mehr in diese Angst zu gehen, nicht mehr in dieses Feld der Angst, sondern wirklich in das Feld der Liebe. Denn diese Angst ist diese Energie, die Euch dicht macht, und die Euch fest macht. Und wenn diese Angst an Eurem Kehl-Chakra hängt, was kann dann geschehen, dass Ihr Euch immer mehr zurückzieht, dass Ihr immer mehr dieses Feld der Depression lebt und nicht mehr das Leben. Doch so viele Menschen haben so viel runtergeschluckt und sind in dieser Depression jetzt, weil sie nicht mehr sich fühlen dadurch. Doch das ist nicht Sinn und Zweck des Lebens, sich in irgendetwas zu verbarrikadieren, das ist nicht Sinn und Zweck in Eurem Leben. Denn Ihr habt Euch lang genug hinter irgendwelchen Klostermauern versteckt, in vielen Leben, damit ist jetzt Schluss, dass Ihr wirklich wieder mit voller Kraft Eures Herzens kommuniziert und die Wahrheit auf dem Planeten Erde, dem Planeten der Kreativität, manifestiert, die Wahrheit, die Wahrheit der Liebe, Eure Seelenwahrheit, Eure Seelenwahrheit. Denn dann ist es vorbei mit dem Spiel, dann hat wirklich Euer Leben wieder eine Kraft. Dann hat Euer Leben wieder eine Phase des Glücks, die niemals enden wird. Niemals.

Doch wenn Ihr bereit seid dazu. Oronos kann nicht sagen Glück und Glück und Glück. Oronos ist die Wahrheit. Und wenn Ihr dieses Glück annehmt, was Oronos Euch hier bereitstellt, dann könnt Ihr nur noch strahlen, dann könnt Ihr nur noch strahlen und könnt aus diesem Drama rausgehen, aus diesem Lebensdrama, dass Ihr alle so feiert. Ihr feiert nicht Eure Liebe, sondern Euer Lebensdrama. Doch wenn Ihr wirklich erwacht, wenn Ihr wirklich es zulasst, wenn Ihr es wieder wahrnehmt, dann lebt wirklich Euer Herz und lebt wirklich das, was Eure Seele mitgebracht hat und lebt das, was Ihr seid und nicht immer das, was die anderen von Euch wollen, was Ihr zu sein habt, wie Ihr auszusehen habt, was Ihr anzuziehen habt. Das ist der Beginn des Dramas, dass Ihr nicht mehr das lebt, was Ihr wollt, dass Ihr nicht das lebt, was Ihr wirklich, was Eure Seele will, sondern Euer Verstand und das ist das Drama. Und dann kommen die ganzen Anschuldigungen dazu. Doch darum geht es überhaupt nicht mehr. Das ist Vergangenheit, dass Ihr wirklich aufwacht, dass Ihr in aller Schönheit aufwacht, dass Ihr wirklich in diesen tiefen, tiefen Frieden geht, dass Ihr in die Kraft des Friedens geht, und dass Ihr Euch wieder anerkennt, dass Ihr die Göttlichkeit Eurer Seele wieder anerkennt, und dass Ihr wieder erfahrt, welch göttliches Geschenk es ist, auf diesem Planeten Erde zu sein, welch göttliches Geschenk. Und dann gehen alle Dramen von selbst. Dann gebt Ihr ihnen gar keine Kraft mehr, dann gebt Ihr ihnen nichts mehr, dann können sie alle gehen. Alle. Und diese Dramen erschafft Ihr Euch mit dem Verstand. Ihr kommt zu dieser Nacht der Heilung mit Oronos, habt eine Menge Vorstellung, wie so was vielleicht passiert. Der Verstand baut die Vorstellung auf. Und diese Begegnungen mit der Wahrheit sind jenseits von dem, was sich Euer Verstand jemals vorstellen kann. Jenseits. Und Ihr könnt Oronos nur mit Eurem Herzen begreifen, nicht mit Eurem Verstand, dafür ist Euer Verstand viel zu klein. Viel zu klein. Doch wann immer Oronos dieses Feld für Euch aufbaut, wann immer Oronos diesen Raum betritt, geschieht die Heilung, die Ihr braucht auf allen Ebenen, so wie die Seele sie braucht, so wie der Körper sie braucht. Geschieht die Heilung. Und das könnt Ihr oft nicht mit dem Verstand verstehen, sondern nur mit dem Herzen. Oronos arbeitet auf so vielen Ebenen mit Euch. Nur Ihr seht diesen Körper von Natara. Doch das, was in diesem Raum sichtbar geschieht sind 3 %. 97 % geschieht unsichtbar mit Eurer Seele und mit Eurem Körper. Oronos hat es gelernt, wenn Eure Politiker groß denken können, kann es Oronos auch. Doch das ist sehr wichtig, dass Ihr wirklich mit dieser Energie der Liebe wieder kommuniziert und dadurch wirklich das Feld neu erschafft in Eurem Leben. Das Feld neu manifestiert. Denn da kann so viel Heilung geschehen. Oronos ist ein Meister und Wächter des Quantenfeldes, ein göttliches Wesen, was seit dem Jahr 2000 ganz schön für Turbulenzen in Eurem Leben gesorgt hat, weil Ihr es gewollt habt, weil Ihr es angenommen habt, dass Eurer Leben nicht mehr so langweilig bleibt. Machen wir es noch ein bisschen wärmer für Euch in diesem Raum. Mein Volk sagt, Ihr könnt noch einiges vertragen. Denn mein Volk rechnet jetzt auch in Milliarden. Das gilt auch für Euch alle, das ist wirklich groß, die großen Dinge manifestiert in Eurem Leben, dass Ihr die großen Felder wirklich nutzt. Und eines der größten Felder ist das Quantenfeld, das Ihr in Euer Leben eingeladen habt. Damit Ihr wirklich spürt, wie Wahrheit wirkt, machen wir es noch ein bisschen wärmer. Damit Ihr wirklich wisst, dass die Wahrheit da ist in Eurem Leben. Denn wann immer Ihr Eure Wahrheit sprecht, wird es heiß in Eurem Körper, wird es warm in Eurem Körper. Wann immer Ihr Eure Wahrheit sprecht, wird es warm. Ist doch so, wir haben zwei Verliebte beobachtet an diesem Tag und wenn Ihr sagt: „Ich liebe dich", dann wird's Euch doch warm, wenn dies wirklich die Wahrheit ist. Wenn es nicht die Wahrheit ist, dann wird's Euch nicht warm. Haben wir auch beobachtet mit dem Mutterschiff. Es gibt keine Geheimnisse. Wir, Oronos und sein Volk, studieren schon so lange diese Menschenwesen. Doch das ist sehr wichtig, wann immer Ihr die Wahrheit sprecht, wird es Euch warm. Wenn nicht, dann nicht. Das ist ein wichtiges Feld. Wie oft Ihr mit Eurem Verstand sprecht und nicht mit Eurem Herz. Doch je heißer es in

Eurem Körper jetzt wird, umso mehr geschieht die Heilung in Eurem Körper, in Eurem Kehl-Chakra, in Eurer Kommunikation. Natürlich nicht nur in Eurem Kehl-Chakra, sondern überall dort, wo die Bänder sitzen, die Ihr nicht benutzt habt während der Kommunikation. All das wird durch diese Hitze, durch diese Wärme erlöst. Denn es geht doch immer wieder darum, dass Ihr Euch begreift, dass Ihr Euch in Eurem Leben erfahrt, dass Ihr Euch begreift, dass auf jede Handlung in Eurem Leben eine Reaktion erfolgt, auf jede Handlung in Eurem Leben. Auf jede Handlung erfolgt eine Reaktion, auf jeden Gedanken, auf jede Handlung, die Ihr in Eurem Leben manifestiert. Alles. Jede Handlung hat eine Reaktion im Quantenfeld. Und natürlich dann auch in Eurem Leben. Aber dass sich so viele Handlungen aus dem letzten Leben in diesem Leben wiederholen, das könnt Ihr wirklich in diesem Leben erlösen, indem Ihr wirklich nur noch in diesem Feld der Liebe und aus der Liebe heraus handelt. Doch macht Euch bewusst, jede Handlung hat eine Reaktion. Jede Handlung Eures Lebens hat eine Reaktion auf den gesamten Planeten, auf das Quantenfeld und auf Euer Leben. Deshalb, wenn Ihr nur noch aus Liebe handelt, habt Ihr nur noch die Reaktion der Liebe. Dann können sich alle Kommunikationshänger auflösen. Und jetzt tanzt. Tanzt den Tanz Eurer Seele. Das ist die beste Handlung mit der besten Reaktion. Tanzt den Tanz Eurer Seele.

Genau das ist der Weg, um wirklich in Freiheit und in der Kraft des Lebens zu sein. Denn Eure Seelenkraft ist Eure Lebenskraft. Und es ist so ein tiefer Respekt vor Euch selbst. Denn, wenn Ihr den Respekt habt vor Euch selbst, dann ist die Seele schon in Eurem Körper wieder eingezogen. Doch wenn die Menschenwesen Ihren Körper respektlos behandeln, dann entsteht ein Krieg und wenn Ihr den Weg Eurer Seele geht, dann ist wirklich dieses Glücklich sein da. Und wenn Ihr immer auch zu Euch selbst respektvoll sagt: „Ich liebe mich", dann wird es Euch auch warm, dann wird es Euch auch heiß, wenn Ihr dieses wirklich aus der Absicht heraus sprecht: „Ich liebe mich". Denn die Absicht ist immer entscheidend, auch in Eurem Leben. Oronos kann Euch immer aufzeigen, wie Euer Leben sich besser mit der Seele manifestiert. Und bleibt niemals stehen in Eurer Entscheidung, wirklich mit dem Herzen zu gehen. Eine Beziehung in diesem Leben sollte mit dem Herzen und nicht mit dem Verstand aufgebaut werden. Sie glauben, dass Oronos ihnen zu einer großen Gefahr werden kann, deshalb versuchen sie, sich immer, auch hier jetzt, einzuschalten. Doch Oronos hat ihnen eine Botschaft gegeben und das reicht. Sie wollen einfach wissen was hier passiert, welche Zukunft wir hier vorbereiten mit dem Quantenfeld. Welche Zukunft hier zusammengerührt wird in Eurem Leben. Diese Menschen in New York sind sehr, sehr mächtig, meinen, mächtig zu sein. Sie meinen es. Sie glauben es, aber Vertrauen haben sie nicht darin. Doch es ist immer wieder ein großes Feld, dass sie versuchen, über die Frequenzen hier zu erfahren, welche Zukunft Oronos hier manifestiert. Denn das Quantenfeld bringt immer eine neue Zukunft, wenn Ihr in dem Quantenfeld sitzt, bringt es immer eine neue Zukunft. Ein neues Feld öffnet sich, wann immer Ihr in dem Quantenfeld seid mit Oronos. Ein neues Feld in Eurem Leben öffnet sich immer. Immer. Und diese Energie, diese intelligente Liebesschwingung, die Bestand des Quantenfelds ist, legt sich in jede Zelle Eures Körpers in dieser Nacht. Deshalb wird es so heiß, deshalb wird es so heiß in Euren Zellen. Und damit könnt Ihr wirklich etwas Neues in Eurem Leben kreieren. Oronos stellt Euch diese Energie zur Verfügung und Ihr dürft darin handeln. Und wenn Ihr das nutzt, dann wird Euer Leben ein ständiger Tanz. Und der Papst ist auch nicht gekommen. Dabei hatte Oronos ihn doch eingeladen zu dieser Nacht. Ganz speziell hatte er eine Videobotschaft gesprochen direkt zum Papst. Der braucht noch einiges, einige Zeit, damit er hier sein kann. Die Kommunikation ist wirklich vom Herzen so wichtig. Diese Kommunikation des Friedens bringt Euch wirklich weiter auf dem Planeten. Diese Kommunikation des Friedens, diese Kommunikation jeder Zelle, im Frieden zu vibrieren. So lassen wir Eure Zellen noch ein bisschen mehr vibrieren mit dieser intelligenten Liebesschwingung. Machen wir es noch ein bisschen heißer, damit sich alles in Eurem Leben zum Bestmöglichen manifestieren kann. Und Ihr dürft einfach bereit dazu sein, diese Bereitschaft mit Liebe anzunehmen. Oronos sieht alles von Euch, weiß um Eure Trauer, um Eure Ängste, um das, was Euch bewegt. Und die Wahrheit lädt Euch ein, wirklich in dieser Nacht all die Ängste, all die Vergangenheit, all den Schmerz in Eurem Körper mit der Liebe einzutauschen. Und auch Eure ganzen Sorgen wirklich mit dieser Liebe, die hier für Euch bereitgestellt wird, einzutauschen. Sie sind sehr penetrant, sehr penetrant. Doch Ihr seid alle sicher hier, Ihr habt alle den Schutz, Ihr braucht keine Angst zu haben, dass Ihr hier sitzt mit Oronos, Ihr seid alle an einem sicheren Ort. Ein deutlicheres Zeichen könnt Ihr gar nicht bekommen für Euren Verstand. Dass Freiheit und die Wahrheit immer eine Gefahr bedeuten, wenn man sie mit dem Verstand lebt. Aus dem Herzen ist alles die Liebe. Und bleibt immer in diesem Leuchten, bleibt immer in diesem Licht, was Oronos Euch hier bereitstellt und sich mit Eurer Seele verbindet. Oronos kann Euch nur lieben, denn Eure Seele ist Liebe. Reines göttliches Bewusstsein. Und Euer Körper ist reines göttliches Bewusstsein, deshalb kann Euch Oronos nur lieben. Und wenn Oronos sagt, dass er Euch liebt, dann wird es noch viel heißer, weil, wenn die Wahrheit das sagt, dann kann es nur heiß werden. Und dann lasst Mutter Erde auch daran teilhaben.

NACHT DER HEILUNG, TEIL II

DIE WAHRHEIT DER LIEBE

Geliebte Menschenwesen,

Oronos ist zurückgekehrt zu Euch, damit Eure Zellen noch mehr die Wahrheit der Liebe erfahren, und dass Ihr immer mehr Euren Verstand mit Liebe empfangt. Oronos spricht jetzt schon seit zwei Jahren zu den Menschenwesen, Tierwesen, Pflanzenwesen. Und je mehr Menschenwesen, Tierwesen, Pflanzenwesen kommen, umso leichter ist es, für Oronos dieses Feld, dieses Quantenfeld, den Menschen zu offenbaren. Diese Freiheit zu offenbaren und das Glück zu offenbaren, denn Eure Seele ist immer in diesem Glückseligkeitszustand. Eure Seele ist immer in diesem Feld der Freude. Und warum ist es so schwierig für den Verstand dieses zuzulassen, diese unendliche, immerwährende Freude? Und wenn die Seele doch wirklich aus diesem Göttlichen heraus handelt, warum geschieht dann so viel Leid auf dem Planeten der Kreativität? Und Leiden ist ein Zeichen der Trennung zwischen der Seele und dem Körper. Und wenn Ihr in dieses Quantenfeld eintaucht, das Oronos in dieser Nacht mit in diesen Raum bringt, dann kann alles Leid in Liebe verändert werden. Und durch die Gedanken, durch diese ganzen negativen Gedanken, durch die Handlungen entsteht auch Leid. Doch die Seele braucht nicht dieses Leid, die Seele kann das Leiden transformieren in Liebe. Oronos arbeitet immer noch mit Eurer Kommunikation, dass Ihr diese leidvolle Kommunikation aufgebt, um wirklich in aller Klarheit und Reinheit Eures Herzens wieder zu kommunizieren, und dass Ihr erkennt, dass Euer Herz spricht, dass die Liebe spricht, denn die Liebe hat immer Kraft. Alles andere nimmt Euch die Kraft, die Liebe hat immer Kraft. Immer. Doch zuallererst ist es wichtig, die Liebe zu Euch selbst, die Liebe aus dieser Zeit, denn wenn diese Liebe in Euch fest verankert ist, dass Ihr Euch selbst liebt, dann hört die Suche auf. Dann hört wirklich die Suche auf, wenn Ihr wirklich in Euch beginnt zu lieben, dann könnt Ihr das Leben feiern. Und dann könnt Ihr das Leben in Liebe kommunizieren, dann könnt Ihr das Leben in Freiheit kommunizieren. Und dann könnt Ihr immer für Euch da sein, für Euch selbst da sein und für Eure Gedanken. Durch Eure Zweifel ist es manchmal sehr schwer für uns, zu Euch zu dringen. Ist es manchmal sehr schwer, Euch zu erreichen. Doch wir lassen nicht locker, bis Ihr locker seid, bis all Eure Körper ganz weich sind, bis Ihr wirklich Euch wieder fühlt, bis Ihr wirklich wieder Euch wahrnehmt bis in die letzte Zelle, wirklich Euch wahrnehmt. Denn wenn Ihr wirklich bis in die letzte Zelle Euch wahrnehmt, dann hört dieses Leiden auf, dann hört dieses Drama auf, dann beginnt in jedem

Atemzug das neue Leben, das neue. Und dann könnt Ihr wach sein, ganz wach. Dann gibt es diese Müdigkeit nicht mehr, dass Euch das Leben in irgendeiner Form müde macht. Das gibt es nicht mehr. Es ist wichtig, dass du nur noch vertraust auf das, was du fühlst. So viel Nebel. Lass dich wirklich auf das ein, was du fühlst. So viel Nebel, nimm den Nebel weg und werde heil. Du hast alle Chancen, werde heil, du hast alle Möglichkeiten, doch lass den Nebel endlich aus deinem Leben gehen. Ganz wichtig. Dieses Quantenfeld zeigt Euch alles auf, alles in Eurem Leben. Alles. Oronos macht es noch etwas wärmer für Euch, damit Ihr all Eure Ängste verliert. All Eure Ängste, die Euch so noch im Wege stehen. Wirklich Eure ganze Schönheit zu sehen, Eure ganze Freiheit zu sehen. Schaut Euch diese Rose an. Diese Rose zeigt Euch ihre ganze Schönheit. Diese Rose zeigt Euch alles von sich. Alles. Und wenn Ihr Euch selbst alles zeigen könnt, von Eurem Körper, von Eurer Seele, denn das ist diese Liebe, von der Oronos spricht. Und wenn Ihr diese innere Schönheit dann nach außen wirklich bedingungslos wie diese Rose, bedingungslos Euer Leben, Eure Seelenschönheit nach außen bringt, so wie diese wundervolle Blüte, diese wundervolle Rose, dann entsteht wieder ein Feld der Erleuchtung auf dem gesamten Planeten, wenn Ihr wirklich die anderen an Eurer Schönheit teilhaben lasst. Die Menschenwesen wirklich an Eurer Schönheit teilhaben lasst so wie diese Rose.

Die Rose versprüht ihren Duft, versprüht wirklich Eure Liebe, versprüht Eure Liebe in Eurem Leben mit den Menschen, mit den Tierwesen, mit den Pflanzenwesen. Hört auf, immer nur für Euch zu sorgen und schaut diese Rose, diese wundervolle Rose, wie sie wirklich blüht für Euch. Wie sie ihre ganze Schönheit Euch schenkt. Euch. Bedingungslos. Genau das ist Euer Leben, das ist Eure Energie. Bedingungslos, wirklich in dieser Präsenz zu sein. Und dieses Feld hat Mutter Erde Euch geschenkt. So wie Ihr ein Geschenk seid Eurer Seele, ein Geschenk Eures Herzens. Ihr braucht nichts mehr zu verstecken in Eurem Leben, gar nichts mehr. Nichts mehr. Wirklich alles zu zeigen, Euch zu zeigen, Euch selbst. Und erinnert Euch immer an diese Rosen, die Euch absolut die Schönheit schenken. Und das ist so ein großes Feld, dass Ihr Euch auch dieses schenkt, dass Ihr Euch erst mal Eure Wahrheit schenkt, dass Ihr Euch selbst Eure Öffnung schenkt. Diese Kommunikation nach innen. Und diese Rose zeigt Euch, wie schön Ihr strahlen könnt, wenn Ihr wirklich Eure Schönheit annehmt auf dem Planeten Erde. Und wenn Ihr das wieder zulasst, wenn Ihr das wirklich wieder in Euer Feld reinlasst, dass Ihr die schönsten Menschen in Eurem Leben seid, weil alles andere wäre gelogen, alles andere wäre nicht die Wahrheit. Und Ihr Frauen und Männer, dass wirklich beide, beides in dieser göttlichen Mission entstanden ist für die Freiheit, nicht für die Unterdrückung und nicht für den Schmerz, sondern für die Freiheit ist die männliche und die weibliche Energie entstanden. Und wenn jede männliche und weibliche Energie, jeder Mann, jede Frau, sich wieder seiner, ihrer Schönheit bewusst wird, entsteht ein ständiger Tanz des Lebens. Ein ständiger Tanz, und das ist auch die Kommunikation des Herzens, dass ein ständiger Tanz entsteht, wenn Ihr Euch wirklich daran erinnert, an diese Schönheit der Rose. Oronos arbeitet immer noch mit Eurer Kommunikationsenergie, mit dem Feld, und löst auch diese ganze Unterdrückung. Denn wenn Oronos irgendetwas hier im Raum zu Euch spricht, spricht er zu dem gesamten Planeten Erde. Und diese Schönheit dieser Rose vergeht nicht, sie vergeht nicht diese Schönheit. So wie Eure Schönheit Eurer Seele niemals verblüht, niemals vergeht. Niemals. Und lasst in den Beziehungen zu Euch selbst und den Beziehungen in Eurem Leben immer diese Schönheit fließen. Lasst immer diese Schönheit erfahren, lasst die Beziehung nicht verwelken, lasst diese Beziehung nicht vertrocknen, sondern lebt immer in allen Beziehungen mit all Euren Menschen, Tieren und Pflanzenwesen, lebt immer diese Beziehung in dieser Schönheit. Lasst sie nicht in die Vergänglichkeit kommen. Das geht so schnell in Eurem Leben, alles ist so schnell vergänglich. Doch wenn Ihr Euch immer diese Rose manifestiert und diese Rose Euch Ihre Schönheit zeigt, dann ist diese Schönheit in Euch unvergänglich. Immer. Immer. Und Oronos manifestiert noch viel stärker jetzt in dieser Nacht der Heilung diesen Zyklus der Offenbarung, dass er noch viel, viel stärker auf dem Planeten wirkt, dem Planeten der Kreativität. Und es geht immer um Eure Wahrnehmung, um Eure Wahrnehmung Eures Herzens. Und Ihr bekommt ständig irgendwelche Felder ab, irgendwelche Informationen, die sich dann an Euch heften, die dranbleiben und Euch dann von dieser Schönheit wieder abbringen. Seitdem Oronos in diesem Raum ist, seitdem Oronos diese Nacht der Heilung begonnen hat, wisst Ihr, wie viel Informationen über Eure Handys, über diese ganze Vernetzung hier durch den Raum geflogen sind. 599 SMS sind durch diesen Raum geflogen, und das sind alles Informationen, die Ihr bekommt, das sind alles Informationen, die an Euch in Eurer Aura, in Eurem Feld haften bleiben, obwohl diese Informationen doch gar nicht an Euch gerichtet sind. Überlegt Euch dieses Ausmaß, wie viel Informationen Euch immer streifen, Ihr immer in dieser Energie seid und dann wisst Ihr überhaupt nicht mehr, was ist jetzt Euer Gedanke, was ist jetzt in Eurem Feld, was ist jetzt das andere. So viele in so wenigen Stunden. Und überlegt Euch dieses Ausmaß, wie viel um diesen gesamten Planeten der Kreativität täglich umherflattert. Täglich wirklich. Was ist das für ein Ballast und Ihr bekommt dies alles mit. Alles. So könnt Ihr doch überhaupt gar nicht mehr denken, sondern nur noch in diesem Feld, was Euch gerade erreicht, was gerade durch Euren Raum flattert. Deshalb ist es so wichtig, in Eurem Herzen zu sein und mit dem Herzen zu denken, damit Ihr wirklich ankommt. Und damit Ihr Euch immer an diese Schönheit der Rose erinnert, die Euch an Eure Schönheit wirklich erinnern darf, und dass Ihr absolut frei seid, dass Ihr Euch nicht in diese Abhängigkeit begebt. Denn wenn so viele Informationen über den gesamten Planeten der Kreativität tagtäglich gehen, dann habt Ihr überhaupt keine Möglichkeit mehr, selbst Euer Leben zu kreieren, denn es wird kreiert von den ganzen Informationen, wird es kreiert. Und da solltet Ihr wirklich absolut aussteigen und in Eurer Liebe sein, dass Ihr nicht mehr für diese ganzen Informationen empfänglich seid. Denn diese Informationen sind ja überhaupt nicht förderlich für Euch, die lassen ja das Herz kalt und nicht warm. Wenn auf einer Message steht: „hdl", so ist das keine Information für das Herz. Hdl. Sag mal die Übersetzung. Das kann doch gar nicht ankommen im Herzen. Doch wenn so diese Kommunikation wirklich läuft zwischen den Herzen, zwischen diesen Energien, dann bleibt das Herz kalt, dann ist die Berührung nicht da. Und so viele Menschenwesen haben ihre Kommunikation nur noch in diesen Abkürzungen. Und kommunizieren nur noch in diesen Abkürzungen. Das ist schon ein sehr mächtiges Feld, was dort kreiert wird. Doch geht wieder viel mehr in diese göttliche Gemeinschaft, geht wieder viel mehr in diese Felder der Liebe, denn dann hört diese ganze wirkliche Leidensenergie auf. Mein Volk sagt, es reicht für Euch in dieser Nacht. Mit Liebe und mit Schönheit abgefüllt. Und vergesst niemals, dass Ihr wirklich die Schönheit dieser Rose immer in Euch tragt und lasst dieses Feld immer mehr zum Vorschein kommen, denn das ist der Seelenweg, das ist die Seelenenergie. Lasst wirklich diese Schönheit immer mehr in Eurem Leben zu Liebe werden. Und lasst diese Schönheit in jedem Atemzug, lasst sie wirklich präsent sein. Und lasst die Schönheit immer in Euch erblühen. Immer. Oronos liebt Euch, egal was Ihr tut, egal was Ihr macht. Oronos liebt Euch immer. Und lasst die Rose immer in Euch erblühen. Und feiert Euer Leben mit Leichtigkeit. Ihr habt so lange die Schwere gelebt, feiert Euer Leben jetzt mit Leichtigkeit, denn dann kann die Schwere aus Eurem Körper wirklich gehen und Ihr werdet weich und weich und weich. Und wir sind immer über die Liebe verbunden. Immer. Je mehr Ihr Euch liebt, umso mehr kann Oronos mit Euch sein, je mehr Ihr Euch liebt, umso leichter ist es für Oronos, mit Euch zu sein. Entdeckt in jedem Atemzug auf dem Planeten Erde Eure innere Schönheit. In jedem Atemzug entdeckt die Schönheit in Euch.

DER SUCHT UND SÜNDE VERGEBEN

Geliebte Menschenwesen,

Oronos ist in dieser Nacht zu Euch gekommen, um mit Euch die Fülle zu feiern, um mit Euch die großartige Leichtigkeit in Eurem Leben zu feiern, denn Eure Seele ist absolute Fülle. Eure Seele bringt die absolute Herzensfülle mit in diesen Körper und das dürft ihr wieder erfahren in diesen Tagen der Fülle, in diesen Tagen Eures Seelenreichtums. Euch wieder bewusst zu werden, wie reich Ihr seid, dass Ihr in dieser Zeit auf dem Planeten der Kreativität Euch manifestiert habt, geboren seid in dieser Phase. In diesem Zyklus der Offenbarung seid Ihr gekommen, ist Eure Seele gekommen, um diesen Prozess der Transformation wirklich mitzuerleben. Doch es ist wichtig, dass ihr all Eure Gedanken von Schuld, von Sünde in dieser Nacht abgebt, denn Schuld und Sünde lassen Euch niemals frei sein und lassen Euch niemals Euren Seelenreichtum erkennen. Schuld und Sünde lassen Euch niemals Euren Seelenreichtum erkennen, doch es geht in dieser Zeit um Euren Seelenreichtum, dass alles in Eurer Seelenzeit geschieht und nicht so viel in der irdischen Zeit und deshalb ist es ganz wichtig, dass Ihr alle Schuld, alle Sünden, die Euch auferlegt wurden von irgendwelchen Männern oder Frauen, dass diese Sünden wieder von Euch gehen können, damit

Euer Seelenreichtum wieder sich ganz in Eurem Leben einstellt. Wenn Euer Seelenreichtum, Euer göttlicher Glanz Eurer Seele wieder in jeder Zelle Eures Körpers sich manifestiert, dann ist auch der Reichtum in Eurem Bewusstsein angekommen und alles in Eurem Leben geschieht aus Energie. Euer Körper, Eure Zellen, alles in Eurem Leben ist Energie. Alles. Jeder Gedanke. Alles wird zuerst aus der Energie geformt und dann gebt Ihr mit Eurem Verstand und mit Euren Wörtern die Kraft hinein. Doch alles ist erst mal neutral. Alles. Wenn Ihr Energie der Liebe füllt, dann füllt sie mit Liebe. Doch, wie Ihr wisst, könnt Ihr auch ganz viel in Eurem Leben mit Zweifeln füllen, mit Ängsten, mit Schuld, mit Sünde und das endet immer im Chaos. Genau das, was jetzt auf Eurem Planeten der Kreativität geschieht. Chaos. Diese Unterdrückung der Liebe, weil so viele Menschenwesen mit Ihrer Gedankenkraft aus der Schuld und der Sünde kleingemacht wurden, kann dieser Reichtum nicht mehr auf dem gesamten Planeten der Kreativität sein. Doch Eure Zellen sehnen sich so nach diesem Reichtum. Erst mal ist es wichtig für Euch zu verstehen, was in Eurem Leben die erste Energie war. Das prägt Euren Reichturm. Deshalb konnten so viele Türme gebaut werden, so viele Schlösser, so viele Burgen, alles Türme. Wenn Eure erste Energie, die Ihr empfangen habt mit dem ersten Atemzug, Liebe war, dann habt Ihr die Liebe verankert. War es Panik oder Hektik, dann habt Ihr die Hektik verankert. War es Todesenergie, weil Ihr nicht atmen wolltet, dann ist es diese Todesenergie in Euren Zellen und so weiter. Und genau da setzt es an. Die erste Energie in Euren Zellen, die erste Erfahrung in Euren Zellen auf dem Planeten der Kreativität entscheidet über Euer ganzes Leben bis Ihr es endlich erlöst. Deshalb ist es so wichtig, dass den Kindern, den Müttern, den Eltern Zeit gegeben wird, dass die Geburt so leicht und so tief wie möglich im Prozess der Einheit gesehen werden kann, damit die neuen Kinder, die neuen Seelen wirklich in den Zellen diese Fülle erfahren von Liebe, wenn dann die Fülle von Angst oder von Freude sich in die Zellen legt. Das prägt Euren Reichturm. Ob Ihr Euch innerlich reich fühlt, dann seid Ihr verbunden mit der Seele. Zuerst geht es immer um die Energie Eurer Zellen. Bevor sich im Außen was verändert, braucht es immer den Impuls von Euren Zellen. Und wenn die Zellen in diesem Leben, in dieser Eurer Kindheit nur von Schuld und Sünde erzählt bekommen, wie kann der Körper, wie kann die Seele dann diesen Reichturm im Leben manifestieren? Und so sind ganze Völker kollektiv durch die Schuld, durch die Sünde in die Armut gegangen. Wenn Ihr Schuld und Sünde und diese ganzen anderen Emotionen nicht bewerten würdet, könnte es absolut Euch nichts anhaften, doch jede Bewertung involviert Euch. In jede Bewertung seid Ihr absolut involviert. Und da Ihr ja schon immer auch im Mutterbauch bewertet wurdet und auch hinterher, ist diese ständige Bewertung auch in Euch und dann kann sich der Reichturm nicht füllen mit dieser Liebe, denn das sind alles die ersten Eindrükke in Eurem Leben. Und das Wichtigste ist, dass Ihr mit den Wesen, mit den Kindern, mit diesen neuen Wesen der Liebe absolut in Liebe kommuniziert. Wirklich in aller Wahrheit mit den Kindern kommuniziert, dann könnt Ihr wirklich was Großartiges tun, dass sie ihre Zellen mit dieser Liebe halten können. Und wirklich mit den Kindern so sprecht, so wie Ihr auch mit Eurem Partner sprecht, wie Ihr mit Euren Familienmitgliedern sprecht, weil sie wissen sowieso alles, so wie Ihr auch. Ihr wusstet auch alles, als Ihr auf diesen Planeten gekommen seid. Konntet jeden Gedanken von jedem Menschen sehen, ob er Euch was Gutes wollte oder nicht. Ihr konntet alles sehen. Bis der Verstand dazu kam und die Kontrolle und diese Bewertung. Doch Ihr konntet alles wahrnehmen. Und geht wirklich mit den Kindern absolut in Frieden um und habt Geduld mit diesen neuen Wesen, die sich hier auf der Erde entwickeln. Und es geht in diesen Einheiten mit Oronos immer um Eure ganze Fülle, um den ganzen Reichtum. Nicht nur um dieses Feld des Geldes, denn wenn viele von Fülle sprechen, dann meinen sie immer nur dieses Geld. Und das stellt sich mit Liebe ein. Denn wenn sich die Liebe in Eurem Leben einstellt, dann habt Ihr kein Mangel mehr. Und wenn die Menschen nur aus Mangel Geld haben, dann werden sie es wieder verlieren. Und dass das geschieht, transformieren sich die Bankhäuser, transformieren sich die Börsen, weil dort kein Funke von Liebe herrscht. Und dies wird jetzt sehr, sehr schnell sein, weil die Liebe auf der Erde immer mehr steigt im Menschen. Durch den Zyklus der Offenbarung viel, viel, viel mehr bewusst wird und deshalb wird es sich schon sehr bald erlösen, weil die Menschen nicht mit Liebe hinter dem Geld stehen, sondern nur mit Gier und Gewalt und Erpressung. Wenn die Liebe wieder in Euer Geldsystem fließen würde, dann müsste kein Land auf dem Planeten, kein Volk auf dem Planeten in Armut leben. Und dadurch, dass die Liebe immer mehr steigt auf dem Planeten, immer mehr sichtbar wird, wird alles, was die Menschen in die Versklavung treibt, erlöst. Während Oronos zu Euch spricht über diese Fülle Eures Herzens, über die Seelenweisheit, über die Seelenfülle, treffen sich woanders die höchsten Politiker von jedem Land in Europa und entscheiden, versuchen zu entscheiden, was mit Eurem Geldsystem geschehen wird und sie können der Welle nichts entgegenstellen. Solange sie keine Liebe hineinfließen lassen, können sie die Welle nicht aufhalten, egal, was sie drehen und was sie schrauben und was sie alles bewerkstelligen wollen. Sie können diese Welle nicht mehr aufhalten, solange sie nicht die Liebe fließen lassen. Und deshalb seid Ihr alle in Eurem Leben absolut aufgefordert, wirklich die Liebe und die Hingabe in Eurem Leben wieder zu manifestieren. Denn es geht immer um Eure Seelenfülle, um Euren Seelenreichtum, weil Eure Seele schon immer voll war, Eure Seele ist immer reich. Es gibt keine arme Seele. Oder? In keinem Land, in keinem Volk gibt es arme Seelen. Der Verstand und die Einflüsse entscheiden über das, was Ihr noch im Leben manifestiert oder nicht manifestiert. Dass Ihr alle wieder die Verantwortung für Euren Seelenreichtum übernehmt und nicht mehr immer die Verantwortung abgebt an irgendjemanden. Und Gott kann Euch nur erreichen, wenn Ihr die Verantwortung absolut über Euch übernehmt und Gott nicht für alles Böse verantwortlich macht in Eurem Leben. Gott kann Euch nur erreichen, wenn Ihr Euch Eurem Seelenreichtum wieder bewusst werdet, dann kann Euch Gott abholen. Und in diesen Einheiten habt Ihr alle die Möglichkeit, dass Euch Gott abholt, denn zuallererst darf Euch dieser Seelenreichtum wieder bewusst werden. Dass Ihr alles so einfach hinnehmt in Eurem Leben. Das ist dann vorbei. Wenn Ihr Euch bewusst werdet, was wirklich der Seelenreichtum ist, dann habt Ihr immer mehr Vertrauen, habt immer mehr Respekt zu Euch. Und die Politiker können nur so über Euch herrschen, weil Ihr den Respekt, weil die Völker den Respekt vor sich selbst verloren haben. Die Kirchen, die Religionen, alle Religionen können nur so mit Sünde und Schuld spielen und mit der Angst vor dem Feuer. Vor diesem Fegefeuer können sie nur damit spielen, weil die Menschen diesen göttlichen Respekt vor sich selbst und jedem Lebewesen gegenüber verloren haben. Und Gott hat niemals irgendjemanden aus dem Paradies geschmissen. Jede Seele bringt das eigene Lebensparadies mit. Das göttliche Paradies bringt jede Seele mit. Und jeder Mensch ist frei, dies in diesem Leben zu erfahren oder erst in Hundert anderen Leben. Jede Seele bringt immer das Paradies mit und keine Seele wird aus dem Paradies geworfen. Kein Teufel wurde von Gott getrennt. Dies ist nur eine Geschichte, auch um Euch kleinzuhalten, was es bedeutet, wenn der Teufel, wenn ihr dem Kraft gebt, dann baut auch der Verstand automatisch Schuld auf. Diese Gedanken von Schuld. So, dieser Fall hat niemals in dem Bewusstsein des Göttlichen stattgefunden. Dies wurde nur gemacht und erzählt für den Respekt in Eurem Leben, die Menschheit zu zerstören. Und diese Geschichte von Luzifer soll Euch einfach nur immer wieder in die Angst bringen, nicht den Respekt über Euer Leben zu manifestieren, denn das prägt Euch und bringt Euch in die Schuld und bringt Euch in die Ebenen der Abhängigkeit, wenn den Kindern so eine Geschichte erzählt wird. Und Luzifer ist auch niemals jetzt erst in den letzten Jahren durch Euch wieder aufgestiegen. Diese Geschichte gibt es nicht. Die wurde gemacht, um Euch nicht in die Verantwortung zu bringen. Und Ihr gebt allem eine Wertung. Allem. Auch dem Geld gebt Ihr eine Wertung, doch Geld ist völlig neutral.

Geld ist genauso Energie wie diese Pflanze, die wächst, wenn Ihr ihr Liebe gebt. Und wenn Ihr mit dem Seelenreichtum in Verbindung kommt, dann gibt es diesen Mangel nicht mehr. Denn, wenn Euch erst mal bewusst ist, dass der Planet der Kreativität ein Planet ist der absoluten Fülle, wie reich Ihr seid, dass Ihr auf diesen Planeten gekommen seid, wenn Euch das erst mal bewusst ist, dann hört in Eurem Leben das Chaos auf zu wirken. Und Ihr lebt in dieser Zeit der Bewusstwerdung. Und es wird für viele immer schwieriger zu schlafen. Es wird für viele immer schwieriger, nicht hinzuschauen. Es wird für viele immer schwieriger wegzuschauen. Denn dieses Chaos, was zurzeit auf dem Planeten der Kreativität existiert, öffnet so vielen Menschen die Augen, und aus dem Chaos entsteht immer was Neues, aus dieser Energie. Deshalb ist es erst mal wichtig, dass es zu diesem Chaos kommt, damit sich das Neue manifestiert. Das Neue. Oronos zieht so viel Sünde und so viele Energien des Satans und des Teufels und des Luzifers aus Eurem System. Oronos kennt alle Universen. Oronos hat Millionen, Billionen von Planeten bereist in allen Universen und hat Luzifer nicht getroffen. Da hilft keine Decke. Oronos kühlt den Raum runter, dass wir die ganze Sünde und die Schuld erlösen können in Euch. Machen wir es noch ein bisschen kälter für Euch, damit Ihr auch alle nicht mehr an das Fegefeuer glaubt. Wärme und Kälte sind nur Emotionen. Nur Emotionen. Wenn Ihr Eurem

Seelenreichtum begegnet, dann ist es Euch niemals mehr kalt oder warm. Das sind immer nur diese Bewertungen. Und ob Ihr Kälte oder Wärme empfindet, das liegt oft an der ersten Emotion, die Ihr erfahren habt auf dem Planeten der Kreativität. Und es gibt auf dem Planeten immer die ganzen Symbole des versuchten Reichtums. Die Kirche, die Religionen wollten reich werden und haben überall ihre Türme gebaut, die Moscheen, große Türme, die Kirchen, große Türme, große Kuppeln, die Schlösser, die den Reichtum verkörpert haben. Und was ist daraus geworden? Alles Symbole der Macht. Alles Symbole der Macht. Jedes Königshaus will mächtig sein und man hat die Türme symbolisch gebaut, den Reichturm. Symbolisch für die Energie zu manifestieren. Und wenn Ihr Euch das anschaut, wie viele Türme auf dem Planeten stehen und was daraus jetzt geworden ist, ein einziger Machthaufen, weil aus allem die Liebe gegangen ist, aus allem die Liebe gegangen ist. Jedem Königshaus geht es doch auch nur noch um Macht, nicht um das Volk. Wenn ein Tag 150 Millionen Pfund kostet, vom Volk, für eine Hochzeit, für ein Königspaar, da geht es nicht mehr um das Volk. Da geht es um Macht. Damit könnte man die ganze Erde begrünen, damit könnte man so viele Menschen wie möglich von dem Hunger befreien. 150 Millionen Pfund für einen Tag. Da ist keine Liebe. Die sind sowieso in zehn Jahren wieder getrennt, dieses Liebespaar. Und das müsst

Ihr einfach wissen, was da gespielt wird, um wirklich die Türme zu verstehen. So auch aus den Türmen der angeblich reichsten Weltwirtschaft aller Zeiten. Wenn man so was ein Leben lang, wenn man so was Generationen den Menschen vorlügt, dann stürzen die größten Türme ein von selbst. Denn Amerika ist niemals die größte Weltwirtschaft. Niemals. Somit haben sie die Türme von selbst einstürzen lassen. Weil auch diese Lüge nicht mehr haltbar ist und diese Türme standen auch für den Reichturm. Irgendwann wurde dass „r" gestrichen in Eurem Sprachgebrauch, doch es heißt Reichturm. Von der Symbolik der ganzen Schlösser, der ganzen Türme, der ganzen Burgen, der ganzen Paläste, der ganzen Moscheen. Und schaut, wie das alles jetzt nach und nach transformiert wird, weil die Liebe nicht in den Türmen Einzug gehalten hat, sondern die Tradition. Und Tradition endet immer im Chaos. Doch Ihr habt alle Symbole auf dem Planeten. Und wenn Ihr Reichtürme füllen wollt, dann kreiert Liebestempel in Eurem Leben. Und Ihr seid jetzt in dieses Zeitalter der Offenbarung gekommen, damit Ihr miterleben könnt, wie die Türme alle nach und nach einstürzen und die Paläste. Und Ihr könnt daran teilhaben, Ihr könnt mitwirken mit Eurer Liebe und mit Eurer Verantwortung für Euer Leben. Oronos räumt auf. Oronos ist kein Meister, der um irgendetwas herumspricht. Oronos ist ein Meister der Wahrheit. Und Oronos lässt es nicht mehr zu, dass dieses Feld der Liebe so zerstört wird auf dem Planeten der Kreativität durch die ganzen Medien und durch die ganzen Bücher, die die Menschen in Angst bringen. Und durch Euch kann ein neues Bewusstsein entstehen auf dem Planeten der Kreativität. Ein Bewusstsein von Freiheit. Und Ihr werdet es alle noch erleben in Eurem Leben, dass der größte Immobilienbesitzer der Welt, die katholische Kirche, 90 Prozent ihrer Reichtümer loslassen muss. Der Kirche gehören die meisten Immobilien und die meisten Grundstücke auf dem gesamten Planeten. Danach kommt Mc Donalds. Da wisst Ihr, wo der Reichtum hingeht. Oronos weiß alles. Denn alles geschieht auf dem Planeten, den Oronos erschaffen hat. Oronos weiß alles. Und dieser Ausgleich, dieser energetische Ausgleich wird schon immer mehr sichtbar. Denn, wenn sich diese Kirche dies alles angeeignet hat durch die ganzen Missionare und so viel Blut vergossen wurde für diese Grundstücke, kommt jetzt der Ausgleich wieder je höher die Liebe auf dem Planeten der Kreativität fließt. Kommt der Ausgleich. Und schon jetzt müssen sie viele Klöster und viele Dinge der Lüge loslassen in Eurem Land. Aber Liebe ist niemals käuflich und deshalb wird dies in der kommenden Zeit alles transformieren. Alles. Und dann können die Plätze, die die Kirche sich angeeignet hat, erst den Menschen enteignet, dann für sich genutzt hat, die ganzen kältesten Plätze, die ganzen Kraftplätze können dann wieder alle zu wahren Liebestempeln für alle Menschenwesen werden. Oronos erzählt Euch das, damit Ihr keine Angst mehr habt, damit Ihr wisst, was Fülle, was Seelenreichtum bedeutet. Den Seelenreichtum kann man nicht umpusten. Seelenreichtum kann man nicht kaufen. Seelenreichtum kann nur in der Begegnung stattfinden, mit der Liebe in Eurem Leben, und dann verändert Ihr alles. Und die Banken machen mit Eurem Geld, was sie wollen, nur nicht es mit Liebe füllen. Deshalb kann es niemals mehr werden auf einer Bank, es kann nur weniger werden. Nur weniger, nicht mehr. Deshalb seid Ihr alle aufgefordert zu handeln. Wirklich Eurem Seelenreichtum zu begegnen. Und deshalb unterstützt dieses System der Banken nicht, nicht mehr lange. Denn wieso können sich Banken auch von Eurem Geld, das Ihr vertrauensvoll hinbringt, solche Paläste bauen. Mit Eurem Geld. Ihr habt alles in der Hand. Alles. Wenn Ihr Euer Geld nicht mehr von den größten Verbrechern aller Zeiten verwalten lasst, dann könnt Ihr viel mehr die Liebe entfalten und Euer Leben wird sich verändern. Doch so lange noch so viele Menschen den Banken vertrauen, spielen sie alle das Verbrecherspiel mit. Alle. Und wenn Ihr das nicht mehr wollt und Euren Seelenreichtum einladen wollt, dann ist der erste Schritt, wirklich aus diesem Verbrecherspiel auch auszusteigen. Denn solange Ihr Euer Geld auf diesen Banken lasst, finanziert Ihr das Verbrechen, das legale Verbrechen, völlig ohne Gesetze. Es kommt viel Widerstand auf von Euren Familien über diese Worte, die Oronos zu Euch spricht. Doch macht Euch das wirklich bewusst, wenn sich die Vorstände, wenn sich die ganzen Banken solche Paläste für Millionen von Geld bauen können. Woher? Von Eurem Geld. Wenn Ihr es da weiterhin lasst, wird es immer mehr immer weniger. Das sagt Euch Oronos nicht, um Euch zu beängstigen, das sagt Euch Oronos, damit Ihr wirklich wisst, was gespielt wird. Dass Ihr wisst, was Ihr unterstützt und wie Ihr es unterstützt. Und davon ist auch Eure Energie involviert. Und dadurch, dass so viele Menschen immer noch diesem System vertrauen, sind sie absolut involviert in dieses System. Und das Allerwichtigste für Euch ist, es gibt keine Schuld, es gibt keine Sünde. Niemand ist daran schuld, wenn eine Bank zusammenbricht. Es ist das Gesetz. Denn, wenn die Liebe fehlt, kommt der Ausgleich. So ist es mit allem in Eurem Leben. Mit allem. Oronos liebt Euch immer. Oronos kann Euch nur lieben, weil er immer Euren Seelenreichtum sieht und wie großartig Euer Feld wird, wenn Ihr Euch darauf wieder einlasst. Und in den kommenden Einheiten wird Oronos Euch noch viel mehr die Ängste nehmen, Eurem Seelenreichtum wirklich zu begegnen, damit Ihr wirklich was verändert auf dem Planeten der Kreativität.

TRANSFORMATION DER TRADITIONEN

Geliebte Menschenwesen,

Oronos ist zu Euch zurückgekehrt, um mit Euch weiter die Reichtürmer in Euer Leben wieder zurückzubringen, dass sich diese Türme mit Liebe füllen und dann wieder in ihre Bestimmung kommen, denn, wenn Euer Seelenreichtum wieder sich manifestiert in Eurem Leben, dann seid Ihr alle wieder in Eurer Bestimmung, dann seid Ihr in der Seelenbestimmung in Eurem Leben und nicht mehr in der Verstandesbestimmung. Bei so vielen Menschenwesen ist der Verstand die Bestimmung und nicht das Herz und nicht die Seele, was auch wieder zu diesem Chaos führt auf dem Planeten der Kreativität. Und der Verstand ist absolut kreativ, was das Weltliche, was die emotionale Ebene angeht. Der Verstand produziert immer Emotionen. Immer. Und das lässt Euch nicht in dieser Seelenfülle sein, denn, wenn die Seelenfülle wieder in jeder Zelle Eures Körpers Einzug hält, dann hat der Verstand nichts mehr zu tun. Und durch den Verstand zieht Ihr die Dinge an. Durch die ganzen negativen Gedanken könnt Ihr Negativität in Eurem Leben anziehen. Durch liebevolle Gedanken, durch kraftvolle Freiheitsgedanken der Liebe für jedes

Lebewesen, in jedem Atemzug habt Ihr immer mehr die Seelenfülle in Euch manifestiert und es geht vor allem um das Urteilen. Dass Ihr nicht mehr urteilt über das Ganze, denn, wenn Ihr urteilt, seid Ihr sofort alle wieder in der Involvierung. Das ist nicht Liebe, das ist das Böse. Diese Urteile sind wichtig aus dem Verstand zu nehmen, denn, wenn Ihr nicht mehr urteilt, dann ladet Ihr immer die Seelenfülle und den Seelenreichtum in Euer Leben ein. Deshalb arbeitet Oronos und sein Volk weiter in dieser Einheit, an dieser Schuld, an der Sünde, die wirklich aus Eurem Leben befreit wird, dass das Leben keine Ursünde ist, dass Ihr atmet. Dass Ihr lebt ist keine Ursünde, das ist die Fülle. Dass Ihr lebt, dass jede Zelle weiß, was sie zu tun hat, dass jede Zelle in der göttlichen Gesundheit schwingt. Das ist Fülle. Und, wenn die Seele wieder Einzug hält in Euren Körper und nicht immer aus der Vergangenheit lebt. Dass die Menschheit, dass die Menschenwesen, Tierwesen, Pflanzenwesen diesen Planeten der Kreativität bevölkert haben, ist niemals eine Sünde. Ist niemals irgendwas, ist Freiheit. Doch das, was die Glaubenshäuser, was die Glaubensbotschaften Euch manifestieren, ist jenseits von Freiheit. Was die ganzen Glaubensgemeinschaften Euch eingeimpft haben, schon so vielen Generationen, ist jenseits von Freiheit, und Oronos hat genau an diesem Platz und genau in diesem Land diese Energie der Freiheit manifestiert. Deshalb hat Oronos dieses Land für diese Begegnung ausgewählt, die Fülle, dass die ganzen Burgen, dass die ganzen Schlösser und die ganzen Türme in diesem Land wieder mit Liebe gefüllt werden. Denn es braucht sehr viel Energie, es braucht sehr viel Liebesenergie in Eurem Land, um diese ganze Frustration und Depression der Kirche aufzulösen. Um diese ganzen Traditionen, die in Eurem Land verankert sind, in Eurem Land Österreich sind ganz viel Traditionen verankert, und diese Traditionen werden in Euch gelöst, indem Ihr da seid für Euer Land, denn Traditionen lassen Euch niemals in der Fülle sein. Traditionen bringen immer Unfrieden. Traditionen führen nicht in die Einheit, sondern es wird immer das Vergangene gelebt, so wie die Kirchen und die Glaubensgemeinschaften. Sie glauben nur, sie haben absolut kein Vertrauen, sonst könnten sie das niemals tun. Die ganzen Glaubensgemeinschaften sind alle auf Glauben aufgebaut und Fülle ist nicht Glauben. Fülle ist Vertrauen in Euch, in Euer Leben und in das, was ihr mit Eurer Seele manifestieren wollt. Und wenn eine ganze Tradition aus Glauben aufgebaut ist, eine ganze Tradition, eine ganze Glaubensgemeinschaft, so viele gibt es, so viele Glaubensgemeinschaften, so viele Traditionen. Wenn die Liebe immer stärker wird auf dem Planeten der Kreativität, dann erlösen sich die Traditionen, und wenn Oronos in ein Land kommt, noch viel mehr. Denn Oronos ist ein absoluter Lichtgeschwindigkeitsbeschleuniger. Er beschleunigt alles in Lichtgeschwindigkeit. Alles. Auch in Eurem Leben. Auch in Eurem Leben. Damit Ihr so schnell wie möglich die Befreiung erfahrt und mit diesen Traditionen wirklich in Eurem Leben aufräumt. Loslassen, damit Ihr ein neues Feld in Eurem Leben kreiert, und das ist Eure Seelenfülle, das ist Eure Seelenzeit, und nicht mehr so in der Vergangenheit hetzt und die Vergangenheit über Euch die Macht hat, solange Ihr glaubt, hat die Vergangenheit immer Macht. Wenn Ihr Euch selbst vertraut, hat nichts mehr Macht über Euch, nichts mehr. Und so viele Beziehungen, so viele Partnerschaften sind immer noch auf dieser Macht aufgebaut, aus dieser finanziellen Macht der Männlichkeit. Aus dieser finanziellen Macht. Und dies lässt sich alles nicht mehr halten. Wenn die Partner sich nicht gegenseitig vertrauen und nur immer sich glauben, das hat keine Kraft mehr in der kommenden Zeit, deshalb lösen sich so viele Partnerschaften. Und es hilft nichts, nur an das Gute zu glauben. Das lässt Euch weiter in Eurer Gemütlichkeit schlummern. Um wirklich diesen Seelenreichtum zu manifestieren, ist es absolut wichtig, den Raum des Vertrauens in Euch auszudehnen. Wenn Ihr nur an das Gute glaubt, dann könnt Ihr die Seelenfülle niemals erfahren, weil Glauben ist Tradition. Doch Vertrauen ist Lebendigkeit. Und wenn Ihr dies in Eure Partnerschaft bringt, dann entsteht das großartige Feld der Fülle. Und Seelenreichtum ist nicht, die Gefühle einzusperren. Seelenreichtum ist wirklich die Liebe in jedem

Atemzug für jedes Menschenwesen, Tierwesen, Pflanzenwesen präsent zu haben. Oronos zieht auch die ganze Tradition aus Eurem Körper, aus jeder Zelle raus bei Euch, denn Fülle kommt nicht mit dem Glauben. Das wurde jetzt 2000 Jahre lang vernebelt. Und die Seelenfülle und die Liebe kommt nur mit dem Vertrauen in Eure Zelle zurück. Und Ihr habt so viele Möglichkeiten, Ihr seid hier, Eure Seele hat Euch in diesen Raum geführt zu Oronos, dass wirklich Eure Zellen und Euer Verstand wieder die absolute, intelligente Liebesschwingung erfahren, die jenseits ist von Bedingung. Durch den Glauben behaltet Ihr immer die Kontrolle und durch das Vertrauen geht die Kontrolle und die Liebe zieht ein und wenn Ihr das wieder wirklich in Eurem Leben manifestiert, dann seid Ihr so präsent. Dann fühlt Ihr Euch nicht mehr getrennt von irgendwas, dann habt Ihr kein Heimweh mehr in irgendwelche anderen Galaxien, dann wollt Ihr nicht weg von der Erde, wenn Ihr die Kontrolle abgebt und in das Vertrauen Euch begebt. Und Eure Familien sind alle sehr präsent in diesem Raum, um zu schauen auch, für welchen Weg Ihr Euch entscheidet. Oronos öffnet Eure Zellen wieder für das Vertrauen und für die Liebe, weil dann kann sich wirklich diese Seelenfülle in Eurem Leben manifestieren, dann kann der ganze Mangel sich auflösen. Und die Seele hat immer eine Vision, ganz in Eurem Körper sich zu verwirklichen. Und wenn dies nicht geschieht, dann entsteht dieses Chaos so wie jetzt auf dem Planeten. Denn die ganzen Gesellschaften sind darauf aufgebaut, nicht auf die Stimme der Seele zu hören, sondern auf das, was die Gelehrten einem sagen. Die Päpste und Bischöfe, Kirchen, die ganzen Glaubensgemeinschaften, die Politiker, die Königshäuser, darauf ist das Leben aufgebaut, auf die Macht, auf die Tradition. Doch, wenn Ihr hier rausgeht, dann habt Ihr keine Tradition mehr in Euch, sondern nur noch Eure Liebe, nur noch die Liebe zu Euch selbst. Keinen Hass mehr aus Euren Familien, aus den Traditionen. Warum können nur so viele Türme gebaut werden? Durch Mord und durch Macht, durch Kriege und durch Gewalt. Und der Auftrag von Jesus war es nicht. Der Auftrag von Jesus war es nicht so ein Feld des Krieges zu hinterlassen. Das hat Jesus niemals manifestiert, dass Missionare in die Welt ziehen, um ganze Völker, um die Tradition zu zerstören und die kirchliche Tradition dort zu manifestieren. Das hat Jesus niemals mit seinem Wirken manifestiert. Das hat die Macht und der Verstand gemacht, das hat das Ego daraus gemacht. Doch die Lehre von Jesus ist bis heute noch die Liebe. Die Liebe. Die Liebe. Die Liebe. Die intelligente Herzensliebe mit jedem Menschenwesen, Tierwesen, Pflanzenwesen zu teilen. Und das ist die Fülle. Und das ist die göttliche Gemeinschaft. Und alle Glaubensgemeinschaften sind jenseits von der göttlichen Gemeinschaft. Weil die Macht und das Ego und der Verstand viel größer sind als die Herzensfreiheit. Und Oronos erzählt Euch dies, damit Ihr wirklich dieses Land, dieses Land auch von diesen Traditionen befreit. Damit die Menschen wieder friedvoll und miteinander mit dem Planeten der Kreativität im Einklang leben, ohne die Tiere abzuschlachten, ohne die Kriege auf dem Planeten. Solange Ihr auf dem Planeten esst, was Augen hat, kann sich die Fülle niemals in Eurem Leben einstellen. Weil Ihr nehmt der Fülle, dem Planeten etwas weg. Jedes Tier, jede Pflanze hat seine Berechtigung und wenn Ihr diese Tiere tötet, um sie Euch zur Nahrung, zur Befriedigung einzusetzen, ist das der Ausklang. Was glaubt Ihr, was so ein Büffet von so einem Treffen jetzt in der Krise, wo sich die Politiker treffen von 27 Staaten der Eurozone, was dies an Energie auffrisst. So kann doch niemals die Fülle sich einstellen. So können die Politiker noch die größten Gesetze machen, wenn sie die kosmischen Gesetze nicht berücksichtigen. Und wenn für 27 Staatspräsidenten für eine Million Euro Fleisch dahin transportiert wird, was ist das für ein Ausgleich. Das ist jenseits der kosmischen Gesetze, deshalb können sie entscheiden, was sie wollen. Und es ist so wichtig, warum so viele Menschen, die Fleisch essen, im Mangel leben, weil sie nehmen Mutter Erde was weg. Und deshalb ist dieser Mangel da auf dem Planeten. Und solange die Völker sich so von diesem Fleisch ernähren, so unbewusst wie jetzt, ist immer für viele, viele Menschenwesen der Mangel da. Das ist wichtig, dass Ihr das wisst für Eure Fülle, dass wenn Ihr Euch mit Menschen umgebt in Euren Familien, die Fleisch essen, das immer der Mangel dabei ist, niemals die Fülle. Niemals. Denn das sind die kosmischen Gesetzmäßigkeiten. Und auch dieser Mangel zieht Oronos aus Euch, aus Eurem Bewusstsein raus, aus Eurem Zellbewusstsein. Dass Ihr und Eure Familien aus dem Mangel kommt und solange Ihr und Eure Familien durch den Fleischkonsum was wegnehmt, kann sich die Fülle nicht einstellen, die wirkliche Fülle. Deshalb ist es sehr wichtig, dass Ihr wirklich handelt auch für Eure Familien, dass Ihr handelt für die nächsten Generationen, dass Ihr handelt für Eure Kinder, und dass Ihr diesmal alle Gänse leben lasst zu Weihnachten. Und alle Tiere in Euren Familien leben lasst und gar nicht erst hingeht in dieser Tradition, wenn es Fleisch gibt. Nicht in den Weihnachtsmangel gehen. Das ist absoluter Mangel, wenn die Menschen zusammenkommen, um Fleisch zu essen, manifestieren sie damit den Mangel und nicht die Fülle, deshalb lasst es. Geht nicht mehr hin zu den Traditionsfällen, Familienfesten, wo die Ente und die Gans und alles und das Reh verspeist werden, denn das führt die Familie nur in den Mangel, nicht in die Fülle. Und Ihr seid gekommen auf den Fülle-Workshop mit Oronos. Und das ist das Wichtigste, die Tradition zu brechen. Wirklich auch in Euren Familien, diese Mangeltradition zu brechen. Es ist noch immer aus dieser ganzen Mangelenergie entstanden, dass dieses Fleisch eine Grundlage war für die Fülle. Doch hätten die Menschen alle Tiere nach dem Krieg leben gelassen, wären sie viel reicher und weiter als jemals zuvor. Als jemals zuvor. Und das muss wirklich auch in euren Familien aufgeräumt werden, dass dieser Mangel, der auf dem Planeten Erde entsteht, wenn ein Tier verspeist wird. Und wenn Ihr auch wirklich Tiere esst, wenn Ihr das esst, was zwei Augen hat, habt Ihr immer in Eurem Leben den Mangel, denn Ihr entzieht Mutter Erde die Lebenskraft. Oronos sagte es bereits schon in einigen Begegnungen, dass kein Planet so rot leuchtet von dem Blut der Tiere, kein Planet im gesamten Universum leuchtet so rot, wie der Planet Erde. Und Ihr habt alles in der Hand, wenn Ihr die Traditionen brecht und die Fülle Eurer Seele einladet und das auch mit Euren Familien macht. Wirklich jetzt gerade dieses Fest der Liebe, das bevorsteht, zu brechen und nicht hinzugehen, wenn traditionell diese Mangelenergie in den Menschen verteilt wird. Damit setzt Ihr ein Zeichen für Eure Fülle, für Euch. Damit setzt Ihr ein ganz klares Zeichen im Kosmos, im Quantenfeld für Eure Fülle. Für Eure Fülle. Und wenn Ihr dazu steht, dann ist es wirklich ein Zeichen, dass die Fülle Euch erreicht. Wenn Ihr wieder des lieben Friedens willens doch Euch dazusetzt und doch Euch wieder in diese Abhängigkeit der Tradition begebt, dann kann Euch Gott und das Quantenfeld nicht erreichen. Deshalb ist es sehr wichtig, dass Ihr dies alles wisst, weil das ist die Grundlage zur Fülle. Deshalb sind auch die Reichsten der Reichsten nicht glücklich, wenn sie nicht wirklich mit dem Leben, mit den Tieren, Wesen, Frieden geschlossen haben. Und darum geht es. Deshalb werden so viele Bauern von den eigenen Tieren erledigt. In den letzten Jahren ist dies sehr, sehr stark gestiegen, dass die Bauern von Ihren Tieren erschlagen werden oder überrannt werden, weil die Tierseelen das nicht mehr wollen, dass sie den Bauern in die finanzielle Kraft bringen, um dann erledigt zu werden. Deshalb passieren so viele Todeserlebnisse auf den Bauernhöfen. In den letzten Jahren noch viel mehr, weil das Bewusstsein der Tiere nach oben kommt, weil das Liebesbewusstsein auf der Erde immens steigt. Wenn das Liebesbewusstsein steigt, dann kann man nicht mehr so lustvoll töten. Denn so, wie die Tiere lustvoll getötet werden, ist das immer ein Mangel. Immer. Und deshalb ist die Menschheit so in diesem Chaos, deshalb sind so viele Völker im Chaos. Jesus hat niemals was verspeist, was Augen hatte. Niemals. Und Ihr könnt Euch entscheiden, in dieser Tradition zu bleiben oder wirklich aufzustehen und Eure Fülle, Euren Seelenreichtum absolut zu leben und dafür ist dieses Fest der Liebe jetzt ein großes Zeichen für Euch, für Eure Familien, was Ihr setzen könnt. Oronos erzählt Euch das, damit Ihr wirklich wisst, warum dieses Ungleichgewicht da ist. Doch je mehr Menschen wieder in die göttliche Kraft kommen und das

Gleichgewicht aufbauen, indem sie nicht mehr die Tiere essen, umso freier werden die Völker. Umso freier werdet Ihr auf dem Planeten der Kreativität. Denn, wenn Ihr diese Schreie hören könntet der Tiere, der Gänse, der Hühner, die Ihr verspeist, würdet Ihr mit dem nächsten Atemzug wirklich aufhören, dies zu tun. Und Oronos sagt es so eindringlich, damit sich dies auch in Eurem Land erlöst. Diese ganze Tradition des Fleischessens. Damit sich das auch wirklich in Euren Familien erlöst, in Eurem Land wirklich diese Tradition zu brechen in Liebe, nicht mit Gewalt, gegen Gewalt. Auch das ist eine Form der Gewalt. Dieses Fleisch zu verzehren ist eine Form der Gewalt, die die Menschen sich selbst antun. Und mit Gewalt kann man keine Fülle manifestieren. Mit Gewalt kann man keine Freude manifestieren. Und das sind die wichtigsten Schritte für Euren Seelenreichtum, wirklich mit den Traditionen zu brechen, mit Euren Traditionen, mit den Familientraditionen zu brechen. In Liebe die Familientraditionen aufzulösen und dies könnt Ihr jetzt schon bald tun. Oronos zieht die ganzen Ängste, die ganze Energie raus, die Euch daran hindert, zu Euch selbst zu stehen und dies wirklich zu manifestieren. Und wenn Jesus über das Lamm gesprochen hat, dann hat er damit immer die nächsten Generationen gemeint, die Kinder der Tierwesen, der Menschenwesen. Damit das Leben in Liebe weitergeht. Er hat niemals die nächste Generation geopfert für Oronos.

Niemals hat er irgendein Lamm geopfert, sondern er hat immer das Große für die nächsten Generationen manifestiert, indem er darüber gesprochen hat, indem er die Tiere genommen hat, an sein Herz gehalten hat, sowie die Kinder, um die nächsten Generationen zu manifestieren. Dass dieser Frieden Einzug hält in Euch, in den Traditionen mit Frieden erlöst, und in Eurem Land, dass die Einheit mit den Tierwesen, Pflanzenwesen und jedem Menschenwesen wirklich gelebt wird in allem jenseits von Tradition. Jenseits von Tradition. Und steht zu Euch. Ihr habt alles in der Hand. Steht zu Euch.

AUS DER LEIDENSCHAFT INS VERTRAUEN

Geliebte Menschenwesen,

Oronos ist zurückgekehrt, um Euch noch mehr aus der Leidenschaft ins Vertrauen zu bringen, denn Leidenschaft ist immer eine Energie von Abhängigkeit. Leidenschaft ist absolut Glauben und nicht Freiheit und Vertrauen. Doch durch diese Schuld und Sünde seid Ihr mit dieser Leidenschaft verbunden und die wird Euch jetzt Oronos in dieser Einheit erlösen. Dass Ihr das Leid nicht mehr füttert in Eurem Leben, dass Ihr das Leiden nicht mehr bedient in Eurem Leben, sondern dass Ihr wirklich ankommt in Eurem Körper ohne das Leid, weil durch Schuld und Sünde entsteht das Leid und durch Gehorsamkeit entsteht das Leiden. Durch die Schuld und die Sünde seid Ihr immer mit dem Leiden verbunden. Jesus hat niemals gelitten am Kreuz, denn dieses Kreuz hat es gar nicht gegeben. Und wie kann diese Geschichte dann entstanden sein über die Schuld, über die Sünden, dass Jesus für Euch am Kreuz gestorben ist. So etwas Arrogantes. Jesus stirbt für Eure Sünden am Kreuz. So etwas Arrogantes von den Menschen, die diese Geschichte gemacht haben. Viele zu dieser Zeit hätten Jesus gerne am Kreuz gesehen, weil er die Liebe und die

Freiheit gelehrt hat. So wie heute Euch Oronos die Liebe und die Freiheit lehrt und so wie Oronos Jesus die Liebe und die Freiheit gelehrt hat, denn Oronos ist ja ein Meister und Lehrer auch von Jesus. Und die Fülle kann mit dem Handeln mit durchbohrten Nägeln der Fuß-Chakren und der Hand-Chakren, kann sich die Fülle nicht einstellen in Eurem Leben, und wenn Ihr ständig auf diese Kreuze schaut, so entsteht ein ständiger Mangel. Ein ständiger Mangel. Und es stehen viele Kreuze in diesem Land. Überall stehen irgendwelche Kreuze. Und wenn die Schwingung, ein Kreuz schwingt immer, wenn diese Schwingung Euch nicht mehr erreichen kann, dann könnt Ihr wirklich die Fülle leben. Doch dadurch, dass so viele Millionen von Menschen immer vor diesem Kreuz niederknien, entsteht immer der Mangel, denn mit Nägeln in den Hand-Chakren könnt ihr niemals handeln. Und Jesus ist nicht für Eure Sünden, für Euer Leid, für Eure Ursünde des Lebens gekreuzigt worden, das ist eine völlige Illusion. Doch ein gutes Abbild, um Euch handlungsunfähig zu machen. Denn, wenn Ihr immer einen gekreuzigten Jesus anbetet, dann überträgt sich doch die Energie auf Euch von diesem Kreuz und somit werdet Ihr auch handlungsunfähig. Deshalb verbrennt alle Kreuze in Eurem Leben, verbrennt alle Kreuze in Euren Häusern, damit Ihr wirklich ins Handeln kommt. Und die Menschen, die so gläubig sind und oft immer vor dem Kreuz niederknien, die sind oft gelähmt in ihren Emotionen, in Ihrer Kommunikation sind sie oft ganz gelähmt, weil sie ständig diese Handlungsunfähigkeit anbeten und diese Handlungsunfähigkeit überträgt sich auf die Menschheit, überträgt sich auf die Menschenwesen. Dadurch ist dieser Mangel in den Völkern entstanden und Oronos zieht jetzt die ganzen Nägel aus Euren Hand-Chakren, aus Euren Fuß-Chakren, dass Ihr wirklich wieder in die Handlung kommt, dass Ihr in Eure Handlung kommt. Denn in diesem Land und in vielen anderen Ländern ist diese Glaubensgemeinschaft, dieser Einfluss der Glaubensgemeinschaft so stark in den Generationen verankert, so groß. Denn Jesus will nicht, dass Ihr handlungsunfähig seid. Jesus möchte, dass Ihr alle in die Handlung kommt, dass Ihr alle in die Kraft kommt, dass Ihr alle in Eurem Seelenreichtum wieder ankommt. Doch das kann dadurch gar nicht geschehen, wenn die Menschen solche falschen Bilder haben von Jesus und den Meistern von den Gelehrten. Und wenn Ihr wieder in Eure Handlung kommt, dann ist wirklich die Lebensfülle und die Seelenfülle wiedervereint. Und lasst Euch nicht mehr zuschnüren von den Zweifeln, von den Ängsten der anderen, denn so viele Menschenwesen leben das Leben der Glaubensgemeinschaften und nicht ihres Vertrauens. Und darum geht es doch hier, dass Ihr Euer Leben des Vertrauens lebt. Euer Leben der Hingabe und Euer Leben von diesem Augenblick, dass Ihr nicht mehr immer Euch im Kreise der Vergangenheit dreht. Und bei allen Glaubensgemeinschaften drehen sich alle im Kreise der Vergangenheit, kommt nichts dazu, gar nichts. Schon seit so vielen hundert Jahren kommt nichts dazu. Das muss doch irgendwie mal auffallen von den Gelehrten. Deshalb könnt Ihr nicht mehr länger schweigen. Oronos durchlichtet so stark Eure Zellen mit dem Quantenfeld, das wirklich die Seelenfülle, der Seelenreichtum in jede Zelle sich wieder manifestiert, damit sich auch im Außen was verändern kann. Im Außen. Und bei den Glaubensgemeinschaften ist seit Hunderten von Jahren keine Veränderung eingetreten, gar keine. Doch die Seele möchte immer, dass der Körper und dass die Frequenz der Liebe sich ausdehnt. Die Seele möchte niemals, dass der Körper eng ist, dass sich alles ausdehnt in Eurem Leben. Und das ist der Seelenreichtum, dass sich alles ausdehnt. Alles. Und diese intelligente Liebesschwingung, die Oronos mit in diesen Raum bringt, möchte sich in den Zellen ausdehnen in Euch. Und Ihr müsst nicht länger in dieser Leidenschaft verweilen, denn niemand ist aufgefordert, in diesem Leben zu leiden. Niemand. Niemand ist aufgefordert diese Leidenschaft zu leben. Das entsteht durch die Gemütlichkeit Eures Verstandes. Und es wird so viel rausgezogen aus Euren Zellen, wird so viel erlöst in dieser Einheit auch für dieses Land. Dass die Freiheit wieder überall Einzug hält, denn, wenn das Leiden geht, dann seid ihr frei, auch im Verstand. Denn Leiden zieht immer Leiden an und Liebe zieht Liebe an. Oronos erhöht jetzt noch mehr die Energie und gleichzeitig kühlen wir den Raum etwas runter, damit Ihr nicht so gemütlich werdet in Eurem Körper jetzt hier. Dass Ihr wirklich wisst, von was Oronos in dieser Nacht spricht zu Euch. Dass Ihr nichts mehr aushalten müsst in Eurem Leben. Halten, aushalten ist immer Stoppschild. Immer Stoppschild. Und mit der Leidenschaft erschafft Ihr das Aushalten. Und wie viele Partnerschaften halten nur noch aus, weil sie sich dieses Wort gegeben haben: bis das der Tod sie erlöst. Damit beginnt ja schon die Leidenschaft, durch dieses Aushalten. Und Ihr habt schon so viele Leben ausgehalten. Doch in diesem Leben habt Ihr alle die Möglichkeit, Euch von dieser Energie zu befreien und ins Leben zu springen, um das Leben in Fülle, in Eurer Fülle, zu genießen, um das Leben mit Eurer Präsenz der Seele zu füllen. Mit Eurer Präsenz der Hingabe zu Euch selbst. Oronos wird jetzt noch stärker die Dinge aus Euren Zellen lösen, dass der Seelenreichtum wirklich da ist. Auch wenn noch ein bisschen mehr Wind, ein bisschen mehr Wind in Eure Zellen kommt, dass Ihr wirklich spürt, wie frei Ihr seid. Wie frei Ihr seid. Und alle Fesseln sich lösen, alle Leidensfesseln sich lösen von Euch auch in Euren Gelenken. In Euren Gelenken sitzt so viel Leidenschaft, so viel Leiden, das Ihr mit all Euren Körpern wieder ins Handeln kommt. Dafür gibt Oronos Euch die

Energie, noch mehr Energie für Eure Zellen. Das Gähnen ist ein Zeichen, dass sich viel löst, denn Ihr wollt doch die Freiheit leben. Dafür seid Ihr doch gekommen. Und es geht nur noch um Eure Gelassenheit im Leben. Egal, was in Euren Generationen, was in Euren Familien erlebt wurde. Ihr braucht nicht mehr dieses Leben weiterzuleben. Wenn Euch jemand erzählt, er sei leidenschaftlich verliebt, dann sagt: „OK, ich hol Dich da raus." Es gibt keine Leiden erschaffende Liebe. Gibt es nicht. Das existiert nur in Eurem Verstand, und je tiefer Ihr Euch auf das Leben einlasst, auf Euer Leben, und nicht mehr das Leben der anderen lebt, umso freier werdet Ihr, umso klarer werdet Ihr, umso liebevoller zu Euch selbst. Und dann habt Ihr auch keine Ängste mehr vor der Zukunft, keine Ängste aus der Vergangenheit. Dann lösen sich die ganzen Ängste auf, was falsch zu machen. Denn Bewertungen führen Euch auch immer ins Leiden. Und die Banken bewerten Euch, die Glaubensgemeinschaften bewerten Euch. Doch wenn Ihr Euren Seelenreichtum wieder manifestiert, dann habt Ihr nicht mehr dieses Feld der Bewertung, dann seid Ihr in jedem Augenblick bereit zur Liebe, bereit zu lieben. In jedem Augenblick. Und dann kann sich jegliche Fülle in Eurem Leben einstellen. Alles, was Oronos hier sagt, geht direkt in Eure Zellen, um alles zu verändern, um Euch auch wirklich in Eure Freude zu bringen. In Eure Freude. Denn die Seelenfülle ist immer mit Eurer Freude verbunden. Seelenreichtum ist immer der Reichtum der Freude und der Liebe. Immer. Denn, wenn Ihr Eure Seelenfülle lebt, dann könnt Ihr das Leben nur noch feiern, dann ist jeder Atemzug ein Fest. Jeder Atemzug. Doch das Wichtige ist, dass Ihr Euch darauf einlassen könnt auf dieses Fest, auf diese Freude, dass Ihr Euch daran freut und nicht durch irgendwelche Gifte, durch irgendwelche Rauchopfer das Leiden wieder einladet. Denn durch Süchte ladet Ihr immer auch wieder das Leid ein. So, wenn sich die Sucht immer wieder auch in Eurem Leben einstellt, ist es nicht die Präsenz der Seelenfülle, ist es nicht die Präsenz Eures Seelenreichtums. Denn jede Sucht ist ein Weglaufen vor der Seelenkraft, jede Sucht ist ein Weglaufen vor der Seelenfülle. Und das ist so wichtig, dass Ihr dies manifestiert. Die Liebe und die Freude und die Gelassenheit, dass Ihr mehr und mehr in diese großartige Vision Eures Lebens eintaucht. In diese großartige Vision. In diese Seelenfülle. In keinem Seelenplan steht eine Sucht, in keinem Seelenplan steht eine Sucht. Dies ist dieses irdische Feld des Verstandes. Und wenn Ihr immer noch diese Sucht belebt, dann zieht Ihr auch immer den Mangel an. Denn die Sucht entsteht nur durch die Anspannung des Verstandes, die Kontrolle abgeben zu müssen. Denn jede Sucht ist eine Kontrolle des Verstandes. Jede Sucht. Und deshalb ist es so enorm wichtig, dass Ihr Euch nicht mehr abhängig macht von dem Verstand. Der Verstand kann Euch sowieso nichts bieten außer Kontrolle. Das Herz und Eure Seelenkraft, Eure Seelenfülle, bringen Euch ins Leben, in das ewige Leben auf der Erde, nirgendwo sonst. Und all Eure Süchte werden sich erlösen, wenn Ihr dem Verstand nicht mehr glaubt, sondern Eurem Herzen vertraut, werden sich all Eure Süchte erlösen.

NACHT DER HEILUNG

KREATIVITÄT IST DER BEGINN DER FÜLLE

Geliebte Menschenwesen,

Oronos ist in dieser Nacht zu Euch gekommen, um mit Euch die Liebe zu feiern, um mit Euch Euer Leben zu feiern in Liebe. Dass das Leid nicht mehr die Kraft über Euer Leben hat, sondern die Liebe. Denn, wenn Ihr alle in dieser Liebe schwingt, dann habt Ihr in jedem Atemzug das Paradies. In jedem Atemzug das Paradies. Denn Eure Seele kommt nicht auf diesen Planeten der Kreativität, um dieses Leid so exzessiv zu erfahren. Das geschieht durch den Verstand. Eure Seele ist absolut reines Bewusstsein der Liebe und Oronos stellt Euch in dieser Nacht die Energie zur Verfügung, dass Ihr alle wieder mit diesem Seelenbewusstsein in jeder Zelle auf dem Planeten der Kreativität ankommt. Wenn Oronos in Eure Augen schaut, sieht er alles von Euch, doch Oronos urteilt nicht und weil Euer Verstand ständig urteilt, ständig über Euch lacht und über die anderen lacht, entsteht das Chaos, was zurzeit auf Eurem Planeten herrscht. Dass die Arroganz stärker ist als die Liebe. Und wenn sich das wieder auf dem Planeten der Kreativität verändert, dann entsteht ein neues Bewusstsein von einem Volk der Liebe. Und in dieser

Nacht der Liebe könnt Ihr Euer freies Leben erfahren ohne Ängste und ohne Neid und Wut, sondern wirklich Eurer Leben erfahren. So wie Ihr gekommen seid mit Eurer Seele. Durch den Verstand entfernt sich die Seele von dem Körper und die Umarmung, die Oronos Euch schenkt in dieser Nacht, bringt die Seele wieder in jede Zelle Eures Körpers. Damit die ganze Arroganz des Verstandes geht und Ihr wirklich in Würde, in Würde und in Freiheit auf diesem wundervollen Planeten der Kreativität wieder atmen könnt. Wieder atmen könnt. Und hört auf, alles ständig zu beurteilen in Eurem Leben. Mit jedem Urteil, das Ihr fällt, beurteilt Ihr Euch selbst. Und es geht in dieser Nacht des spirituellen Erwachens um Euch in diesem Leben. Dass Ihr Eurer Liebe zu Euch selbst so nah wie möglich kommt. Denn diese Liebe ist Euer Seelenbewusstsein. Oronos, ein Meister und Hüter des Quantenfeldes, bringt das gesamte Quantenfeld hier in diesen Raum. Und lasst Euch wirklich ein, wenn das Quantenfeld Euch umarmt. Denn Ihr habt so die Möglichkeit, ganz frei zu werden. Und alles Wollen kann sich erlösen. Ihr habt in allem eine Chance, Euch nicht mehr immer mit der Vergangenheit zu verbinden, sondern mit Eurem Leben jetzt. Und Ihr seid alle gekommen, um dieses Feld der Liebe zu erfahren, um dieses Feld des Erwachens zu erfahren, denn Eure Seele ist schon immer erwacht. Eure Seele schläft niemals. Nur der Körper und Euer Verstand, die schlafen. Der Verstand macht den Körper müde. Eure Gedanken machen den Körper müde. Doch Eure Seele schläft niemals, ist immer präsent. Immer. Egal, ob Nacht oder Tag, Eure Seele ist immer präsent. Und wenn diese Präsenz in Euch wieder kommt, dann habt ihr die große Möglichkeit, Euch auszudehnen und Eurem Leben eine neue Richtung der Liebe zu geben. Eine neue Richtung. Ohne Vergangenheit. Denn, wenn bei Euch die Vergangenheit immer noch regiert, könnt Ihr niemals in diesem Sein sein. Könnt Ihr Euch niemals auf diesen Moment der Liebe einlassen. Und dann, wenn Ihr frei werdet und dieses Seelenlicht von Euch wieder erfahrt, dann kann die Seele in Euren Zellen erwachen und nicht irgendwo außerhalb Eures Körpers. Oronos erhöht die Energie für Euch im Raum, dass Ihr alle bei Euch bleiben könnt, während Oronos hier umarmt. Und dass Ihr immer in der Verbindung bleibt mit Eurer Seele ohne Kontrolle. Der Planet der Kreativität braucht jetzt wieder mutige, liebevolle Menschenwesen, die wirklich für das Leben gehen und nicht für den Tod. Denn was in dieser Zeit auf dem Planeten der Kreativität alles so geschieht, ist ein Zeichen, dass die Menschenwesen jegliche Kontrolle über diesen Planeten loslassen müssen. Und damit auch die Kontrolle über sich selbst. Und Ihr seid so gesegnet, dass Ihr in dieser Nacht gekommen seid, denn diese Umarmung wird Euer ganzes Leben verändern. Dass Ihr kraftvoll und mutig und liebevoll mit jedem Lebewesen in der Verbindung seid und nicht mehr kämpft in Eurem Leben und vor allem Euch selbst wieder spürt. So lasst uns beginnen mit diesem Tanz der Freude.

Oronos liebt Euch alle. Oronos kann Euch so lieben, weil in Eurer Seele Liebe ist.

Und Ihr werdet alle dieses Feld noch lange, lange spüren in Eurem Leben.

NATARA ÜBER KAMASHA

Es war mitten in der Nacht, als mir Erzengel Michael zum ersten Mal erschienen ist. Ich nahm plötzlich eine starke Liebesenergie in meinem Zimmer wahr, sah ein goldenes Licht und eine majestätische Gestalt in blauem Gewand. Erzengel Michael. Ich hatte vorher noch nie von ihm gehört, doch er sagte mir, dass ich die Kamasha-Essenzen in die Welt bringen werde; energetisierte Wasser-Alkohol-Mischungen, die mit kraftvollen Schwingungen aufgeladen sind und die Menschen in ihrem innerem Wachstum unterstützen sollen.

Seitdem ich am 15. März 2001 einen kleinen Büroraum bezogen habe und mit zwei Telefonen an den Start gegangen bin, ist das Kamasha-Projekt ständig gewachsen. Nach dem Kamasha Versandhandel, der die Kamasha-Essenzen herstellt, gründete ich mit einer handvoll Mitarbeiter das Kamasha Therapie- und Ausbildungsinstitut (TAI) und den Kamasha Verlag. Das TAI ist meine Wirkungsstätte als spiritueller Lehrer und Heiler, der Verlag verbreitet die Botschaften von Erzengel Michael.

Komm doch mal vorbei. Du bist herzlich willkommen!

Unser Kamasha Versandhandel versorgt dich gerne mit hochwertigen Nahrungsergänzungsmitteln, mit Naturkosmetik, mit den Kamasha-Essenzen oder mit den Symbolen zur Wasserenergetisierung.

Für Beratung und Fragen steht dir der Kamasha Versandhandel immer gerne zur Verfügung.

Kamasha Versandhandel GmbH
Dietershaner Str. 29
36039 Fulda
Tel.: +49(0)661 38 00 02 40
Fax: +49(0)661 38 00 02 49
E-Mail: love@kamasha.de

Unseren Online-Shop findest du unter: www.kamasha.de

Unseren aktuellen Gesamtkatalog 2012/2013 senden wir dir gerne auf Anfrage zu!

UNSERE ORONOS-PRODUKTE

ORONOS-CD GÖTTLICHE SPUREN

Lieder aus dem Quantenfeld

Wir sind sehr glücklich, euch diese wunderbare neue CD „Göttliche Spuren" vorzustellen. Ein Chor und viele wundervolle Musiker machen diese CD zu einem einzigartigen Klangerlebnis. Die Musik und Texte bringen die Menschen, Tiere und Pflanzen in ein Feld der „Intelligenten Liebesschwingung". Die CD kann zu großartigen Heilsitzungen genutzt werden.

CD Göttliche Spuren

Erhältlich ab 15.12.2012

Art-Nr. K-245

EUR 19,80 [DE]
EUR 21,00 [AT]

JAHRESESSENZ 2013

„Neue Dimensionen", 20ml

Diese Essenz öffnet dich für neue Dimensionen in deinem Leben. Du hast dich ganz bewusst in dieser Zeit inkarniert, um in dieser Zeitenwende 2012 dabei zu sein. Nach dem Jahr 2012 beginnt eine neue Zeitreise in deinem Leben. Du erfährst eine noch nie da gewesene Klarheit und Liebe für dich und alle Lebewesen. Alles kann sich verändern in deinem Leben, wenn du bereit dazu bist. Komm und feiere dein Leben in einer neuen Dimension.

Jahresessenz 2013 „Neue Dimensionen"

Art-Nr. G-340-20	Art-Nr. G-340-50
20ml	50ml
EUR 18,00 [DE]	EUR 45,00 [DE]
EUR 18,90 [AT]	EUR 46,50 [AT]

ESSENZ ORONOS

Oronos ist ein Meister und Wächter des Quantenfeldes, der uns mit all seiner Liebe und Kraft auf der Erde beflügelt. Seine Präsenz ist das Gold unseres Bewusstseins. Er führt uns in unser Göttliches Sein zurück, und belebt, was schon lange brach lag, unsere Herzensenergie.

Essenz Oronos
Art-Nr. G-999-20
20 ml
EUR 18,00 [DE]
EUR 18,90 [AT]

Essenz Oronos
Art-Nr. G-999-50
50ml
EUR 45,00 [DE]
EUR 46,50 [AT]

RAUMSPRAY ORONOS

Die Essenz gibt es auch als Raumspray.

Raumspray Oronos
Art-Nr. G-999-30 S
30 ml
EUR 27,00 [DE]
EUR 28,00 [AT]

Raumspray Oronos
Art-Nr. G-999-50 S
50 ml
EUR 45,00 [DE]
EUR 46,50 [AT]

WEGBEGLEITER

„Oronos" Bild

Schlüsselanhänger

Art-Nr. K-008

EUR 15,30 [DE]
EUR 15,90 [AT]

WEGBEGLEITER

„Oronos-Mutterschiff" Bild

Schlüsselanhänger

Art-Nr. K-009

EUR 15,30 [DE]
EUR 15,90 [AT]

GESPRÄCHE MIT ERZENGEL MICHAEL, BAND 1 – 7

Eine Buchreihe in der Erzengel Michael sehr aktuell auf die verschiedenen Lebensthemen eingeht. Die Bücher geben sehr viele Antworten und haben bereits einen Leserkreis von über 100.000 Menschen gefunden.

ORONOS GEMALT VON IVOI

Alle Energiekarten sind von IVOI Handgefertigt

ORONOS

Energiekarte

8-Farbdruck, glänzend

Laminiert

Art-Nr. C-089
7 x 10 cm, laminiert
EUR 13,90 [DE]
EUR 15,20 [AT]

Art-Nr. C-091
DIN A5 laminiert
EUR 39,50 [DE]
EUR 41,50 [AT]

Art-Nr. C-093
DIN A4 laminiert
EUR 144,00 [DE]
EUR 150,00 [AT]

KAMASHA THERAPIE- UND AUSBILDUNGSINSTITUT

Das Kamasha-Therapie- und Ausbildungsinstitut wurde 2003 von Natara gegründet. Es organisiert alle Seminare, Ausbildungen und Veranstaltungen von Natara. Durch Natara wirken geistige Kräfte, die umfangreiches Wissen aus verschiedenen Dimensionen mitbringen und den Heilungsprozess eines Klienten auf vielfältige Weise unterstützen.

Ob Einzelsitzungen, Channelings, Ausbildungen, die Kamasha Essenzen oder die Bücherserie „Gespräche mit Erzengel Michael" – du kannst dich auf vielen Wegen von Kamasha berühren lassen.

GEISTIGE CHIRURGIE AUSBILDUNG MIT ORONOS® IN DER SCHWEIZ 2013/2014

Hier werden die Fähigkeiten vermittelt, die man braucht, um chirurgische Eingriffe über die Aura eines Klienten vorzunehmen. Das heißt, man lernt, Krankheiten, unerlöste Programme, Blockaden aus der Aura zu entfernen.

Mit seiner Direktheit, seinem Humor und seinem »bahnbrechenden Heilsystem« hat Oronos Natara und die Teilnehmer in grenzenloses Staunen und tiefe Dankbarkeit versetzt. Ergreife auch du die Möglichkeit, dieses Wissen zu erlernen und anzuwenden.

Die Ausbildung findet in 3 Ausbildungsabschnitten statt und kostet 6300,00 €. Rabatt von 750,00 € möglich!

VERANSTALTUNGSORT

Hotel- und Bildungszentrum Matt, Seminarhotel, Mattstrasse 19, CH-6103 Schwarzenberg

Information und Anmeldung:

Kamasha GmbH und Co.KG, Kamasha Therapie und Ausbildungsinstitut (TAI), Tel. +49 (0) 661 38 000 238, mail: tai@online.de, www.kamasha.de/tai

AUSBILDUNG ZUM MEDIALEN HEILER 1. UND 2. JAHR NACH NATARA® 2013 IN DER SCHWEIZ

Die Ausbildung zum Medialen Heiler besteht aus tiefen Heilungstechniken, die Natara alle von der Geistigen Welt erhalten hat. Diese Techniken sind einzigartig und werden in 2 Intensivwochen erlernt. Das erste Jahr im April und das zweite Jahr im September 2013. Die Ausbildung dient der eigenen Heilung. Gleichzeitig vermittelt sie die Fähigkeiten, die ein Heiler braucht, um tiefgreifende Prozesse bei Klienten zu begleiten.

Kosten pro Intensivwoche 3600 CHF

VERANSTALTUNGSORT UND ANMELDUNG

Die Quelle – Ort der Begegnung – CH Bern
Mail: info@die-quelle.ch
Fon: +41 31 333 99 09, Fax: +41 31 333 99 07

Information zum Kurs: Tel. + 49 (0) 661 38 000, TAI Fulda

Den aktuellen Veranstaltungsflyer kannst du dir unter: www.kamasha.de/tai unter dem Menüpunkt ‚Flyer' herunter laden.

KAMASHA-VERTRIEBSPARTNER IM EUROPÄISCHEN AUSLAND

ÖSTERREICH

Kamasha-Versand Österreich

„Galerie der guten Energie"
Kirchsteiger & Buchegger OG

Martin Kirchsteiger und Marianne Buchegger
(geistige Heilerin aus ganzem Herzen)
Marktplatz 1
7423 Pinkafeld
Tel. +43(0)6642 52 28 40
www.shop-kamasha.de
E-Mail: kamasha@marianne-buchegger.at

SCHWEIZ

Kamasha-Versand Schweiz

Kamasha Schweiz Therapie- & Seminarzentrum
„Galerie der guten Energie"

Pia & Irene Krienbühl
Schlagstrasse 70 in 6417 Sattel / SZ
Tel. +41(0)79 86 09 513
www.kamasha-schweiz.ch
E-Mail: sein@kamasha-schweiz.ch

BUCHAUSLIEFERUNGEN FÜR HÄNDLER

Deutschland

Brockhaus Comission GmbH
Kreidlerstraße 9
D-70806 Kornwestheim
Tel.: +49(0)7154 13 27 13
Fax: +49(0)7154 13 27 55
d.haslbeck@brocom.de
www.brocom.de

Österreich

Mohr Morawa Buchvertrieb
Sulzengasse 2
A-1230 Wien
Tel.: +43 1 68 14 0
Fax: +43 1 68 87 13 0
bestellung@mohrmorawa.at
www.mohrmorawa.at